Jean Piaget
Probleme der Entwicklungspsychologie

Kiel, 29.7.97

Dieser Band vereinigt kleinere Arbeiten Piagets aus der Zeit zwischen 1954 und 1971. Man könnte sie eine Quintessenz aus Piagets Werk nennen, denn hier werden die Themen seiner großen Bücher in prägnanter Form leicht zugänglich gemacht: die zeitliche Abfolge beim Erwerb der zentralen Wahrnehmungskategorien und Denkoperationen, das Verhältnis von Sprechen und Denken, die Beziehung zwischen Entwicklungspsychologie und Erkenntnistheorie. Ohne auf die Darstellung der oft überraschenden experimentellen Erfahrungen mit Kindern zu verzichten, vermittelt dieser Band einen Überblick über das ganze Spektrum der Forschungen und Interessen dieses bedeutenden Schweizer Entwicklungspsychologen.

Der Autor: Jean Piaget, 1896 geboren, arbeitet auf den Gebieten Experimentelle Psychologie und Genetische Epistemologie in Genf. Wichtige in deutscher Sprache erschienene Werke: *Das moralische Urteil beim Kinde*; *Das Erwachen der Intelligenz beim Kinde*; *Die Bildung des Zeitbegriffs beim Kinde*; *Psychologie und Intelligenz*; *Die Entwicklung des räumlichen Denkens beim Kinde*; *Nachahmung, Spiel und Traum*; *Biologie und Erkenntnis*.

Jean Piaget
Probleme der Entwicklungspsychologie
Kleine Schriften

Aus dem Französischen
von Georgia d'Inlau-Merkens

Syndikat

Titel der Originalausgabe *Problèmes de psychologie génétique*

CIP-Kurztitelaufnahme der Deutschen Bibliothek

Piaget, Jean:
Probleme der Entwicklungspsychologie: kleine Schr. /
Jean Piaget. Aus d. Franz. von Georgia d'Inlau-Merkens. –
Frankfurt am Main : Syndikat, 1984.
(Taschenbücher Syndikat, EVA ; Bd. 44)
Einheitssacht.: Problèmes de psychologie
génétique <dt.>
ISBN 3-434-46044-6
NE: GT

Taschenbücher
Syndikat / EVA Band 44
November 1984

Motiv: A. Dürer, Proportionsstudie
Gesamtherstellung: Ebner Ulm
Printed in Germany
ISBN 3-434-46044-6

Inhalt

1. Der Zeitfaktor in der kindlichen Entwicklung

Die kindliche Entwicklung ist ein wesensmäßig zeitbedingter Vorgang. Ich werde im folgenden versuchen, einige zum Verständnis des Problems unentbehrliche Fakten herauszuarbeiten. Genauer gesagt werde ich zwei Aspekte herausgreifen. Zum einen gilt es zu bestimmen, inwieweit die Zeit im menschlichen Lebenszyklus eine unerläßliche Rolle spielt. Ein Entwicklungsprozeß, ob psychologischer oder biologischer Natur, erfordert eine bestimmte Dauer, wobei sich das Kindheitsstadium über einen Zeitraum erstreckt, der umso länger ist, je höher entwickelt die Gattung: Die Kindheit der jungen Katze oder des Kükens ist weitaus kürzer als die des Menschenkindes, da dieses ungleich viel mehr zu lernen hat. Diese These möchte ich im folgenden belegen.
Der zweite Aspekt, den ich an dieser Stelle behandeln möchte, läßt sich folgendermaßen formulieren: Entspricht der Lebenszyklus einem grundlegenden biologischen Rhythmus, einem ewigen Gesetz? Wird er von den gesellschaftlichen Bedingungen beeinflußt und, wenn ja, in welchem Maße? Mit anderen Worten, läßt sich der zeitliche Ablauf der Entwicklung beschleunigen oder verlangsamen?
Bei der Behandlung dieser beiden Fragestellungen werde ich mich auf die psychologische Entfaltung des Kindes im engeren Sinne beschränken, seine schulische oder familiale Entwicklung mithin außer Acht lassen. Mit anderen Worten, das Hauptgewicht wird auf der selbständigen Entwicklung liegen, wobei ich selbst diese noch auf die geistige, kognitive Entfaltung im eigentlichen Sinne eingrenzen werde.
In der Tat lassen sich in der geistigen Entwicklung des Kindes zwei Aspekte unterscheiden. Einerseits ein psychosozialer Aspekt, der all das umfaßt, was dem Kind durch seine Um- und Mitwelt zuteil wird, was es durch familiale, schulische, kurzum erzieherische Vermittlung lernt. Daneben macht das Kind eine Entwicklung durch, die man als selbständig oder spontan (spontané) bezeichnen kann. Ich

möchte sie der Kürze halber die psychologische Entwicklung nennen. Gemeint ist die Entwicklung der Intelligenz schlechthin, d. h. das, was das Kind sich selbsttätig aneignet, was man ihm nicht beigebracht hat, was es vielmehr selbst entdecken muß. Es ist vor allem dies, was Zeit in Anspruch nimmt.

Nehmen wir zwei Beispiele. In einer Zusammenfassung von Dingen, einem Blumenstrauß etwa, der sich aus sechs Schlüsselblumen und sechs anderen Blumen zusammensetzt, soll erkannt werden, daß es mehr Blumen als Schlüsselblumen gibt, mit anderen Worten, daß das Ganze über den Teil hinausgeht. Dies scheint derart sinnfällig, daß niemand auf den Gedanken verfiele, es einem Kind beizubringen. Und doch braucht es – wie wir sehen werden – Jahre, um derartige Gesetze zu erkennen.

Ein anderes einfaches Beispiel: die Transitivität. Ist ein Stab, verglichen mit einem anderen, diesem gleich und dieser zweite wiederum einem dritten gleich, ist dann der erste, den ich unter dem Tisch verberge, dem dritten gleich? Ist A = C, wenn A = B und B = C ? Auch hier ist das Problem für uns vollkommen klar; niemand würde daran denken, einem Kind so etwas beizubringen. Gleichwohl braucht es, wie wir sehen werden, etwa sieben Jahre, um diese Art logischer Gesetze zu erfassen.

So werde ich mich also bemühen, den spontanen Aspekt der Intelligenz zu erhellen. Ich werde mich ausschließlich mit diesem Aspekt beschäftigen, denn zum einen bin ich Psychologe und nicht Erzieher, zum anderen ist eben diese spontane Entfaltung, zeitlich gesehen, die eindeutige Voraussetzung etwa für die schulische Entwicklung.

In unserer Genfer Schule werden die Schüler erst vom 11. Lebensjahr an mit dem Proportionsbegriff vertraut gemacht. Warum nicht früher? Es versteht sich von selbst, daß, wäre das Kind in der Lage, ihn früher zu begreifen, die Lehrpläne die Einführung in den Proportionsbegriff im 9. oder gar 7. Lebensjahr angesetzt hätten. Man muß jedoch das 11. Lebensjahr abwarten, weil der Begriff eine Reihe komplexer Operationen voraussetzt. Eine Proportion ist eine Relation von Verhältnissen. Um eine solche Relation

zu verstehen, muß man zunächst einmal wissen, was ein Verhältnis ist, d. h. man muß zunächst die gesamte Logik der Relationen erfassen und schließlich diese Logik der Relationen auf die der Zahlen anwenden. Hinter dem Begriff der Proportion verbergen sich mithin eine Anzahl von Operationen, die implizit bleiben und nicht auf Anhieb erkannt werden. Dieses Beispiel macht als eines unter vielen deutlich, wie sehr die psychosoziale Entwicklung der spontanen psychologischen Entfaltung untergeordnet ist.
Ich werde mich also auf letztere beschränken und mit einem konkreten Beispiel beginnen. Es handelt sich dabei um einen Versuch, den wir in Genf oft angestellt haben. Der Versuchsleiter hält dem Kind zwei Plastilinkugeln von 3 oder 4 cm Durchmesser hin. Das Kind erkennt, daß sie gleich groß, gleich schwer und auch sonst identisch sind. Das Kind wird sodann aufgefordert, eine der zwei Kugeln zu einer Wurst auszuwalzen, zu einem flachen Kuchen zu drücken oder in kleine Teilchen zu zerstückeln. Daraufhin werden ihm die drei folgenden Fragen gestellt:

1. Ist die Quantität der Materie gleich geblieben?
Es versteht sich von selbst, daß der Versuchsleiter eine dem kindlichen Verständnis zugängliche Sprache benutzt. So wird er z. B. fragen: „Gibt es noch genauso viel Knetmasse wie vorher, sobald man aus der Kugel eine Wurst gemacht hat?“ Oder: „Gibt es nun mehr oder weniger Knetmasse als vorher?“
Quantität der Materie, Erhaltung der Materie. Wer hätte gedacht, daß dieses Problem im Schnitt erst mit etwa 8 Jahren von 75 % der Kinder gelöst wird! Wie gesagt handelt es sich dabei um einen Durchschnitt.

2. Ist das Gewicht gleich geblieben?
Der Versuchsleiter hält dem Kind dazu eine kleine Waage hin und fragt sinngemäß: „Wenn ich die Kugel auf die eine Waagschale und die Wurst auf die andere lege, werden sie, da die Wurst ja durch eine einfache Formveränderung aus der Kugel entstanden ist, ihrem Gewicht nach gleich sein?“
Das Prinzip der Gewichtsinvarianz wird erst mit etwa 9 oder

10 Jahren erworben. Mit etwa 10 Jahren wird es von 75 % der Kinder beherrscht, d. h. zwei Jahre nach dem Erwerb der Vorstellung der Quantitätsinvarianz.

3. Ist das Volumen gleich geblieben?
Da diese Frage sprachlich Schwierigkeiten bereitet, geht man am besten indirekt vor. Man taucht dazu die Kugel in ein Glas Wasser und versucht, das Kind zu der Feststellung zu bringen, daß der Wasserspiegel steigt, da die Kugel Platz einnimmt. Man fragt nun das Kind, ob die Wurst, wenn man sie in dasselbe Glas Wasser taucht, gleich viel Platz einnehmen wird, mit anderen Worten, ob sie den Wasserspiegel in gleicher Weise ansteigen lassen wird.
Dieses Problem wird erst mit 12 Jahren erfolgreich bewältigt. Im Verhältnis zur Lösung des Problems der Gewichtsinvarianz ergibt sich mithin eine erneute Verschiebung um zwei Jahre.
Werfen wir nun einen kurzen Blick auf die Argumente jener Kinder, denen entweder das Prinzip der Quantitäts-, der Gewichts- oder der Volumeninvarianz fehlt. Man begegnet immer wieder derselben Denkweise. Das Kind wird z. B. sagen: „Vorher war es rund, dann haben Sie das Plastilin in die Länge gezogen. Deshalb ist nun mehr davon da." Das Kind sieht also eine einzige Dimension und vergißt darüber die andere. Auffallend bei diesem Denkansatz ist, daß er sowohl Ausgangs- als auch Endgestalt in Betracht zieht, die Veränderung selbst jedoch außer Acht läßt. Das Kind vergißt, daß ein Gegenstand in einen anderen verwandelt wurde; es vergleicht die Kugel vom Beginn des Experiments mit dem Endzustand und antwortet: „Aber nein, es ist länger und deshalb muß auch mehr da sein."
Hat es dann schließlich erkannt, daß die Substanz, die Quantität der Materie, gleich geblieben ist, so wird es, wie bereits erwähnt, zwei Jahre später doch mit denselben Argumenten einwenden: „Es ist länger und muß deshalb auch schwerer sein."
Welches sind nun die Argumente, mit deren Hilfe das Kind den Invarianzbegriff erwirbt? Drei Argumente tauchen immer wieder auf.

1. Ich möchte es das Argument der Identität nennen. Das Kind bemerkt: „Es ist ja nichts weggenommen und nichts hinzugefügt worden; also ist es dasselbe, dieselbe Menge Plastilin.“ Mit 8 Jahren erscheint ihm eine derart einfache Frage dann so seltsam, daß es schmunzelnd die Schultern zuckt, ohne auch nur zu ahnen, daß es ein Jahr zuvor eine vollkommen andere Antwort gegeben hätte. Es wird also antworten: „Es ist dasselbe, weil Sie nichts hinzugefügt und nichts weggenommen haben. Was aber das Gewicht anbelangt, so ist die Wurst länger und folglich schwerer.“ Und wieder tritt das frühere Argument in Kraft.

2. Das Argument der Reversibilität. Das Kind stellt fest: „Sie haben die Knetmasse in die Länge gezogen; Sie brauchen sie ja nur wieder zur Kugel zu machen und werden sehen, daß es dasselbe ist.“

3. Das Argument des Ausgleichs. Das Kind bemerkt: „Sicher, Sie haben das Plastilin in die Länge gezogen, es ist mehr da, aber gleichzeitig ist es nun dünner.“ Die Knetmasse hat auf der einen Seite gewonnen, auf der anderen aber verloren. Folglich gleicht es sich aus, es ist dasselbe.

Dank dieses einfachen Beispiels können wir für den Zeitfaktor von vornherein zwei Grundaspekte unterscheiden: die Dauer und die Reihenfolge der Ereignisse, wobei die Dauer nichts anderes als das Intervall zwischen den Elementen der Reihenfolge ist.

I. *Die Zeit ist zunächst als Dauer bedeutsam.* Bei drei Vierteln der Kinder ist der Begriff der Erhaltung der Materie nicht vor dem 8. Lebensjahr vorhanden; für das Prinzip der Gewichtsinvarianz müssen wir gar das 10. Lebensjahr abwarten. Dabei beherrschen durchaus nicht alle Erwachsenen dieses Prinzip. Spencer berichtet in seinem Werk *The Principles of Sociology* (1876–96) von einer Dame, die auf ihren Reisen eine länglichen Koffer dem viereckigen vorzog, in der Annahme, die voll ausgebreiteten Kleider seien leichter als die gefalteten in einem viereckigen Koffer.

Was das Volumen angeht, so müssen wir bis zum 12. Lebensjahr warten. Dies gilt nicht nur für Genf. Die zwischen 1937 und 1940 in Gent durchgeführten Versuche

wurden später in Frankreich, Polen, Großbritannien, den USA, Kanada, Iran und selbst in Aden, am Roten Meer, vorgenommen, wobei man überall zu denselben Entwicklungsstadien gelangte. Im Durchschnitt hat man keinerlei Vorsprung gegenüber unseren kleinen Genfern gefunden, ja, sie halten, wie wir in der Folge sehen werden, sogar einen sehr achtbaren Platz. Mit anderen Worten, es handelt sich bei den in Genf ermittelten Werten um das Mindestalter, wobei bestimmte ausgewählte soziale Gruppen, wie z. B. Hochbegabten-Klassen, freilich nicht berücksichtigt werden.
Kann man diese Entwicklung durch Lernen beschleunigen? Diese Frage hat sich einer unserer Mitarbeiter, der norwegische Psychologe Jan Smerdslund von unserem Genfer Zentrum für Genetische Epistemologie, gestellt. Er hat versucht, den Erwerb des Begriffs der Gewichtsinvarianz durch einen bestimmten Lernprozeß – im Sinne der amerikanischen Lerntheorie – zu beschleunigen, d. h. durch äußere Verstärkung, z. B. durch Ablesen des Ergebnisses auf der Waage. Dazu muß man wissen, daß der Erwerb dieses Begriffs eine ganze Logik, das Reflektieren der Transformationen als solche und mithin den Begriff der Reversibilität voraussetzt, jene Reversibilität, die das Kind selbst anführt, sobald es die Invarianz begriffen hat. Vor allem aber setzt der Invarianzbegriff den der Transitivität voraus: Ist der Zustand A der Kugel dem Zustand B gleich und der Zustand B = C, so ist A = C. All diese Operationen stehen zueinander in Wechselbeziehung. Smerdslund hat diese Beziehung zunächst überprüft und dabei in der Versuchsgruppe eine sehr signifikante Korrelation zwischen dem Begriff der Invarianz einerseits und dem der Transitivität andererseits ermittelt. In der Folge hat er dann Lernversuche gemacht, d. h. er hat dem Kind nach jeder Antwort das richtige Ergebnis auf der Waage gezeigt und es zu der Feststellung veranlaßt, daß das Gewicht sehr wohl dasselbe war. Vom zweiten oder dritten Mal an wiederholte das Kind dann ständig: „Das Gewicht wird immer dasselbe sein; das Gewicht wird wieder dasselbe sein usw.“
Das Ergebnis wird also gelernt. Doch es ist äußerst interessant festzustellen, daß das Lernen hierbei auf dieses

eine Ergebnis beschränkt ist. Mit anderen Worten, als Smerdslund zum Erlernen der Transitivität überging – dies ist etwas ganz anderes, denn die Transitivität ist Teil des logischen Denkvorganges, der zu besagtem Ergebnis führt – konnte er den Lernerfolg nicht auf die Transitivität übertragen, trotz der wiederholten Feststellung anhand der Waage, daß A = C, A = B und B = C. Folglich ist es eine Sache, ein Ergebnis zu lernen, eine ganz andere jedoch, ein Denkwerkzeug, eine für das Ergebnis unabdingbare Logik, auszubilden. Ein solches Instrument läßt sich nicht in wenigen Tagen entwickeln. Dies ist wohl der wesentlichste Befund dieser Versuchsreihe.

II. Als zweite wesentliche Feststellung ergibt sich für uns aus dem Beispiel der Plastilinkugeln, *daß die Zeit als Reihenfolge gleich bedeutsam ist.* Wie wir gesehen haben, geht die Erkenntnis der Quantitätsinvarianz der der Gewichtsinvarianz um 2 Jahre voraus, und die Gewichtsinvarianz ihrerseits wird 2 Jahre vor dem Prinzip der Erhaltung des Volumens erworben. Diese Reihenfolge konnte allenthalben bestätigt werden. Die Entwicklung verläuft nie umgekehrt, d. h. man findet kein Individuum, das die Gewichtsinvarianz beherrscht, ohne den Begriff der Quantität zu besitzen, während man den umgekehrten Fall durchaus antrifft.

Warum diese Reihenfolge? Nun, damit das Gewicht das gleiche bleiben kann, bedarf es schlechterdings eines Substrats. Dieses Substrat, diese Substanz ist die Materie. Merkwürdigerweise beginnt das Kind mit der Substanz, obgleich sie sich ohne Gewicht und ohne Volumen nicht empirisch feststellen läßt, nicht sichtbar ist. Sie ist ein reiner Begriff, der allerdings unerläßlich ist, um zum Prinzip der Gewichts- und Volumeninvarianz zu gelangen.

Das Kind beginnt also mit jener leeren Form der Substanz, ja, es muß mit ihr beginnen, denn ohne sie gäbe es keine Erhaltung des Gewichts. Bei der Invarianz des Volumens geht es nicht um ein geometrisches, sondern um ein physikalisches Volumen, mit dem die Vorstellung, der Körper könne weder zusammengedrückt noch verformt werden, verbunden ist. Der kindlichen Logik zufolge setzt

dies seinen Widerstand, seine Masse und folglich sein Gewicht voraus, denn das Kleinkind unterscheidet zwischen Gewicht und Masse nicht.
Diese Reihenfolge zeigt, daß zum Erwerb eines neuen Denkwerkzeugs die logisch voraufgehenden Instrumente vorhanden sein müssen. Mit anderen Worten, die Aneignung eines neuen Begriffs setzt die jeweils voraufgehenden Substrate und Teilstrukturen voraus, und dies, wie wir weiter unten sehen werden, in unbestimmter Rekursion.
Diese Gesetzmäßigkeit in der Entwicklung der kindlichen Intelligenz führt uns zur Theorie der Entwicklungsstadien. Die Entwicklung vollzieht sich in aufeinanderfolgenden Stadien und Stufen. Wir unterscheiden vier große Entwicklungsstufen, die ich im folgenden kurz beschreiben will.
Die erste Stufe geht dem Sprechen voraus. Wir bezeichnen sie als die Stufe der senso-motorischen Intelligenz. Sie reicht etwa bis zum 18. Lebensmonat.
Die zweite Stufe setzt mit dem Sprechen ein und erstreckt sich bis zum 7. oder 8. Lebensjahr. Wir bezeichnen sie als die Phase der Symbolik, die, wie ich anschließend genauer definieren werde, prälogisch ist. Zwischen dem 7. und dem 12. Lebensjahr folgt eine dritte Phase der konkreten Operationen und schließlich, um das 12. Lebensjahr, die Stufe der formal-abstrakten Denkoperationen.
Wir unterscheiden mithin aufeinanderfolgende Stufen. Eben ihre feste Reihenfolge kennzeichnet diese Stufen und Stadien. Zwar kann man die Stufen zeitlich nicht exakt und allgemeingültig festlegen; im Gegenteil, wie wir am Ende dieser Ausführungen sehen werden, wechselt das jeweilige Alter von einer Gesellschaft zur anderen. Ihre Reihenfolge aber bleibt erhalten. Aus Gründen, die wir bereits angesprochen haben, ist sie immer dieselbe. Mit anderen Worten, um ein bestimmtes Stadium zu erreichen, muß das Kind zuvor bestimmte Schritte vollzogen haben. Es muß die vorausgehenden Denkstrukturen beherrschen, um zur folgenden Stufe übergehen zu können.
So gelangen wir zu einer in einer bestimmten Reihenfolge sich bildenden Hierarchie von Strukturen, die – nach dem gegenwärtigen Stand der ausgezeichneten Arbeiten von Dr.

Ajuriaguerra und seinen Mitarbeitern – interessanterweise im Alter anscheinend in umgekehrter Reihenfolge verloren gehen.
Ich möchte diese Stadien rasch beschreiben, um zu zeigen, warum die Zeit ein entscheidender Faktor innerhalb der Entwicklung ist, warum so viel Zeit nötig ist, um so einfache Begriffe wie die von mir als Beispiele angeführten zu erfassen.
Wir wollen mit der Phase der sensomotorischen Intelligenz beginnen. Denn wenn es auch kein vorsprachliches Denken gibt, so gibt es doch eine vorsprachliche Intelligenz. Mit anderen Worten, Intelligenz und Denken sind in dieser Hinsicht voneinander zu unterscheiden. Intelligenz ist die Lösung eines neuartigen Problems, die Koordination von Mitteln, um ein bestimmtes Ziel zu erreichen, das nicht unmittelbar erreicht werden kann. Denken hingegen ist verinnerlichte Intelligenz, die sich nicht mehr auf direktes Handeln, sondern auf Zeichen, auf die symbolische Wiedergabe durch die Sprache, auf gedankliche Bilder usw. stützt, die das, was die sensomotorische Intelligenz unmittelbar erfaßt, darstellen.
Wie gesagt, die Intelligenz geht dem Denken und dem Sprechen voraus. Ein Beispiel möge dies veranschaulichen. Ich zeige dem Kind eine Decke, unter der ich, ohne daß es dies sehen konnte, eine Mütze versteckt habe. Daraufhin halte ich dem Kind einen ihm unbekannten Gegenstand, z. B. ein Spielzeug hin, das es zu fassen sucht, und verstecke ihn unter der Decke. In einem bestimmten Entwicklungsstadium wird das Kind die Decke anheben, um den Gegenstand zu finden, ihn aber nicht sehen. Stattdessen findet es die Mütze. Es wird sofort die Mütze hochnehmen und besagten Gegenstand finden. Das erscheint uns selbstverständlich, entspricht jedoch einem komplexen Denkvorgang. Er setzt zunächst die Permanenz des Gegenstandes voraus. Wie wir im folgenden sehen werden, ist der Begriff der Permanenz nicht angeboren: das Kind braucht vielmehr Monate, um ihn aufzubauen.
Die Permanenz des Gegenstandes setzt dessen Lokalisierung voraus, die durchaus nicht von vornherein gegeben ist; diese

setzt nämlich ihrerseits die Organisation des Raums voraus. Diese wiederum fußt auf den besonderen Beziehungen von „Oben“ und „Unten“ usw. Wie wir sehen, verbirgt sich hinter diesem scheinbar so einfachen Beispiel intelligenten Handelns ein ganzer Komplex von Voraussetzungen. Ein solcher Intelligenzakt ist jedoch vor dem Sprechen möglich und setzt die Symbolik oder das Denken nicht unbedingt voraus.

Warum ist die Phase der sensomotorischen Intelligenz bis zu 18 Monaten lang? Anders gefragt: Warum tritt der Erwerb der Sprache im Verhältnis zu den genannten Fähigkeiten so spät ein? Man hat die Sprache mitunter auf eine reine Konditionierung auf ein System konditionierter Reflexe zurückführen wollen. Würde dies zutreffen, so müßte der Spracherwerb bereits gegen Ende des ersten Monats einsetzen, denn die ersten konditionierten Reflexe treten zu diesem Zeitpunkt auf. Warum muß man also bis zum 18. Monat warten? Wir meinen, weil die Sprache mit dem Denken einhergeht und mithin ein System verinnerlichter Handlungen, ja, früher oder später ein System von Denkoperationen voraussetzt. Als „Operationen“ bezeichnen wir eben diese verinnerlichten Handlungen, die nicht mehr konkret, sondern innerlich und symbolisch vollzogen werden, sowie Handlungen, die auf die verschiedensten Weisen kombiniert werden können; insbesondere jene, die umgekehrt werden können, d. h. in dem bereits angedeuteten Sinne reversibel sind.

Diese verinnerlichten Handlungen, die das Denken ausmachen, müssen nun zunächst einmal in ihrem konkreten Vollzug beherrscht werden. Sie erfordern ein System effektiver, materieller Handlungen. Denken heißt u. a. ordnen oder gleichsetzen, vereinen oder trennen usw. All diese Operationen muß man jedoch zunächst konkret ausgeführt haben, bevor man in der Lage ist, sie geistig zu vollziehen. Deshalb ist die vorsprachliche, senso-motorische Phase so lang; deshalb wird die Sprache innerhalb der gesamten Entwicklung so spät erworben. Es bedarf einer langen Übung der konkreten Handlungen, um die Teilstrukturen des späteren Denkens zu entwickeln.

Während dieses ersten Lebensjahres bilden sich tatsächlich alle späteren Teilstrukturen heraus: der Objekt- und Raumbegriff, der Begriff der Zeit als zeitliche Abfolge, der Kausalitätsbegriff; kurzum, all jene wesentlichen Begriffe, deren sich das Denken in der Folge bedient, werden in ihrer konkreten Gestalt bereits während der sensomotorischen Phase erworben und praktiziert. Zwei Beispiele mögen dies veranschaulichen:

1. Der Begriff des *permanenten Gegenstandes.* Auf den ersten Blick scheint es nichts Einfacheres zu geben. So war der Philosoph Meyerson der Ansicht, die Permanenz des Gegenstandes sei mit der Wahrnehmung gegeben, man könne keinen Gegenstand wahrnehmen, ohne ihn als permanent anzusehen. Das Kleinkind belehrt uns hier eines anderen. Nehmen Sie einen Säugling von 5 oder 6 Monaten, der die Koordinierung von Sehen und Greifen erworben hat, der es soeben gelernt hat, Gegenstände, die er sieht, zu fassen. Reichen Sie ihm einen Gegenstand hin, der ihn interessiert, z. B. eine Armbanduhr. Legen Sie sie auf den Tisch, der Säugling wird die Hand ausstrecken, um sie zu ergreifen.

Aldann verdecken Sie den Gegenstand, z. B. mit einem Tuch. Sie werden sehen, daß das Kind seine Hand einfach zurückzieht, falls der Gegenstand es nicht sonderlich interessiert, oder aber, daß es, wenn es sich etwa um seine Flasche handelt, zornig wird. Es kommt jedoch nicht auf den Gedanken, das Tuch hochzunehmen und den Gegenstand zu suchen. Dabei ist es nicht so, als sei es physiologisch noch nicht in der Lage, das Tuch vom Gegenstand zu nehmen. Legen Sie das Tuch auf sein Gesicht, und das Kind ist sehr wohl imstande, es abzunehmen, wohingegen es nicht fähig ist, unter ihm nach einem Gegenstand zu suchen. Es sieht also ganz so aus, als hätte sich der Gegenstand, sobald er nicht mehr im Blickfeld ist, aufgelöst, als wäre er inexistent geworden, ja, als wäre ihm noch nicht jene Gegenständlichkeit zueigen, die, wie wir soeben gesehen haben, etwa im 8. Lebensjahr in Form des Prinzips der Quantitätsinvarianz begriffen wird. Die Außenwelt ist nichts weiter als eine Reihe bewegter Bilder, die auftauchen und wieder verschwinden, wobei die interessantesten unter ihnen, wenn man sich Mühe gibt, wieder zum Vorschein gebracht werden können (z. B. durch anhaltendes Schreien, wenn es darum geht, eine gewünschte Person zurückzurufen). Doch sind dies, wie gesagt, nur bewegte Bilder ohne Substanz und Permanenz, vor allem aber ohne genaue Lokalisierung.

In einer zweiten Phase wird das Kind das Tuch abnehmen, um den darunter verborgenen Gegenstand zu finden. Folgende Gegenprobe zeigt jedoch, daß nicht alles mit einem Mal erlernt wird. Sie legen den Gegenstand rechts vom Kind (ein 9 bis 10 Monate alter Säugling) hin und verstecken ihn. Es wird ihn suchen. Dann nehmen Sie ihm den Gegenstand wieder ab und schieben ihn vor seinen Augen sehr langsam auf die linke Seite. Obgleich der Säugling den Gegenstand nach links verschwinden sah, wird er sofort auf seiner Rechten suchen, nämlich dort, wo er ihn zum ersten Mal fand. Es handelt sich also um eine unvollständige Permanenz ohne Lokalisierung. Das Kind sucht dort, wo seine Suche bereits Erfolg gehabt hat, ungeachtet einer möglichen Platzveränderung des Gegenstandes.

2. Der *Raumbegriff*. Auch hier zeigt sich, daß nichts angeboren ist, daß vielmehr alles nach und nach mühsam erarbeitet werden muß. Hinsichtlich der Raumerkenntnis ist die sensomotorische Phase entwicklungspsychologisch besonders wichtig und aufschlußreich. Insofern das Neugeborene zu Beginn seiner Entwicklung keinen Gegenstand kennt (seinen Körper eingeschlossen, den es selbstverständlich nicht als solchen wahrnimmt), kennt es auch keinen Raum als Behälter. Für ihn gibt es eine Reihe heterogener Räume, die alle mit dem eigenen Körper in Verbindung stehen. So z. B. den von Stern beschriebenen Mundraum. Der Mund ist eine Zeitlang Mittelpunkt der kindlichen Welt; Freud hat viel Aufschlußreiches zu diesem Thema beigetragen. Daneben haben wir den visuellen Raum und außerdem den Tast- und Gehörraum. Diese verschiedenen Räume sind zum einen allesamt auf den eigenen Körper bezogen (das Sehen, das Mit-den-Augen-Verfolgen, das An-den-Mund-

Führen usw.), unter sich jedoch nicht aufeinander abgestimmt. Man könnte folglich von einer Vielzahl egozentrischer, nicht koordinierter Räume sprechen, wobei jedoch der eigene Körper nicht als Bestandteil des Gesamtraums erfahren wird.

18 Monate später beherrscht dann dasselbe Kind den Begriff des Gesamtraums, der alle festen und permanenten Gegenstände, den eigenen Körper eingeschlossen, als Bestandteile umfaßt, wobei jetzt die Bewegungen aufeinander bezogen, von den Eigenbewegungen abgeleitet und im Verhältnis zu diesen vorhergesehen werden können.

Mit anderen Worten, es ist nicht übertrieben, im Hinblick auf die ersten 18 Lebensmonate von einer kopernikanischen Wende (im Kantischen Sinne) zu sprechen. Hier tritt tatsächlich eine vollkommene Umkehrung und Dezentralisierung gegenüber dem ursprünglich egozentrischen Raum ein.

Ich glaube hinreichend dargelegt zu haben, daß 18 Monate für die Bewältigung dieser Aufgaben eine sehr kurze Zeit sind und daß die Entwicklung im 1. Jahr in Wirklichkeit mit raschen Schritten vorangeht. Es ist vielleicht die Phase der Kindheit, in der am meisten und am schnellsten hinzugelernt wird.

Ich möchte nun zur Phase der prälogischen Symbolik übergehen. Etwa mit anderthalb oder zwei Jahren tritt ein für die Entwicklung der kindlichen Intelligenz entscheidendes Ereignis ein. Zu diesem Zeitpunkt erscheint nämlich die Fähigkeit, eine Sache durch eine andere darzustellen, mit anderen Worten, die Symbolfunktion. Sie umfaßt einerseits die Sprache als ein System sozialer Zeichen im Gegensatz zu den individuellen Zeichen. Daneben gibt es aber auch andere Ausdrucksformen der Symbolfunktion, wie etwa das symbolische Spiel, das darin besteht, eine Sache durch einen Gegenstand oder eine Geste darzustellen. Bis dahin bestand das Spiel nur aus motorischen Übungen, wohingegen das Kind etwa mit anderthalb Jahren beginnt, richtig zu spielen. Eines meiner eigenen Kinder schob z. B. eine Muschel auf einer Pappschachtel hin und her und sagte „Miau“, weil es kurz zuvor eine Katze auf einer Mauer gesehen hatte. Das Symbol war hier klar. Dem Kind stand kein anderer Ausdruck zur Verfügung.

Dritte Form der Symbolik: die symbolische Gestik, wie wir sie in der „verschobenen Nachahmung" antreffen.

Vierte Form: Beginn des geistigen Bildes oder der verinnerlichten Nachahmung.

Zu diesem Zeitpunkt beginnt das Kind über verschiedene Zeichensysteme zu verfügen, die ihm das Denken ermöglichen, wobei das Denken, wie gesagt, einem verinnerlichten Handlungssystem entspricht, das zu jenen besonderen Handlungen führt, die wir als „Operationen" bezeichnet haben: umkehrbare Handlungen und solche, die sich untereinander in Bezugssystemen verbinden, auf die wir weiter unten näher eingehen werden.

Wir haben es hier mit einer Situation zu tun, bei der sich das Zeitproblem besonders eindringlich stellt. Warum treten die logischen Strukturen und die umkehrbaren Operationen, die wir soeben umschrieben haben, warum tritt der Invarianzbegriff nicht gleichzeitig mit der Sprache und der Symbolfunktion auf? Warum müssen wir mit der Quantitätsinvarianz bis zum 8. Lebensjahr, mit den übrigen Begriffen sogar noch länger warten, anstatt daß sie mit der Symbolfunktion, d. h. mit der Fähigkeit, zu denken und nicht nur material zu handeln, einhergehen? Nun, deshalb, und dies ist grundlegend, weil die Handlungen, die im materiellen, konkreten Bereich zu bestimmten Ergebnissen geführt haben, nicht ohne weiteres und unmittelbar verinnerlicht werden können. Vielmehr muß im Bereich des Denkens neu erlernt werden, was auf dem Gebiet des Handelns bereits erlernt wurde. Diese Verinnerlichung ist in Wirklichkeit nicht nur eine Übertragung, sondern eine Restrukturierung, eine Verschiebung, die einige Zeit erfordert.

Nehmen wir ein Beispiel: die Gruppe der Ortsveränderungen, die in der sensomotorischen Raumstruktur ein grundlegendes Endergebnis darstellt. Das, was man in der Geometrie als Gruppe der Ortsveränderungen bezeichnet, entspricht beim Kind der Fähigkeit, sich, sobald es laufen kann, in der Wohnung oder im Garten zu bewegen und dabei seine Gänge untereinander zu koordinieren, zum Ausgangspunkt zurückzukehren – was der Reversibilität entspricht – oder Umwege zu machen, um auf verschiedenen Wegen zum selben Punkt zurückzukehren – was der Assoziativität in besagter Gruppe gleichkommt. Kurz, es wird seine Bewegungen zu einem Gesamtsystem verbinden, kraft dessen die Rückkehr zum Ausgangspunkt möglich wird.

Diese Gruppe von Ortsveränderungen wird durchaus mit etwa anderthalb Jahren auf der sensomotorischen Ebene beherrscht. Aber bedeutet dies auch, daß das Kleinkind die Bewegungen, die es material ausführen kann, auch im Geiste, durch eine Zeichnung oder die Sprache darzustellen vermag? Keineswegs! Denn sich selbst bewegen ist eine Sache, dieselben Bewegungen symbolisch nachvollziehen eine ganz andere.

Zusammen mit meiner Mitarbeiterin Szeminska habe ich vor Jahren, als es in Genf noch weniger Verkehr gab und die Kleinen zwei oder viermal täglich alleine zur Schule gingen bzw. nach Hause zurückkehrten, einen besonders aufschlußreichen Versuch mit 4- und 5-jährigen Kindern gemacht. Wir haben versucht, sie den Weg zur Schule und zurück darstellen zu lassen, und zwar nicht anhand einer Zeichnung, was allzu schwierig gewesen wäre, auch nicht sprachlich, was noch schwieriger gewesen wäre, sondern mit Hilfe eines kleinen Baukastens. So versinnbildlichte ein blauer Streifen die Arve, ein grünes Pappschild die Ebene des Plainpalais, es gab die Kirche am Ende der Plaine, den Palais des Expositions usw. Das Kind sollte die verschiedenen Gebäude entsprechend ihrer Lage zu seiner Wohnung und zur Schule aufstellen. Dabei stellte sich heraus, daß die 4- und 5-Jährigen zwar den Weg zur Schule allein fanden, ihn aber nicht darzustellen vermochten. Vielmehr gaben sie eine Art motorischer Darstellung. Das Kind sagte etwa: Ich gehe von zuhause weg. Dann gehe ich so (Geste), dann so (Geste), dann biege ich ab und bin in der Schule.

Aber die Gebäude aufstellen und so den Weg darstellen ist etwas ganz anderes. Ebenso wie es eine Sache ist, sich in einer fremden Stadt wenige Tage nach der Ankunft zurechtzufinden, eine ganz andere aber, sich ihren Plan einzuprägen, falls man keinen Stadtplan zur Hand hat. Eine Handlung material auszuführen und sie im Geiste nachzuvollziehen ist in Wirklichkeit nicht dasselbe. Es handelt sich dabei nicht um eine gradlinige Fortentwicklung, sondern um eine vollkommene Rekonstruktion. So wird verständlich, warum es bis zum 7. oder 8. Lebensjahr eine Phase gibt, in der das, was auf der sensomotorischen Ebene beherrscht wird, nicht ohne weiteres fortgesetzt werden kann, sondern vielmehr auf der symbolischen Ebene neu erarbeitet werden muß, bevor das Kind zu den soeben beschriebenen Operationen und Umsetzungen gelangt.

Gehen wir nun zu den konkreten Operationen über, die in unseren westlichen Gesellschaften um das 7. Lebensjahr entwickelt sind. Wie wir noch sehen werden, gibt es jedoch sozial bedingte Spät- und Frühentwicklungen. Um das 7. Lebensjahr beobachten wir nun eine fundamentale Wende in der kindlichen Entwicklung. Es ist nunmehr zu einer bestimmten Logik imstande, es wird fähig, die einzelnen Operationen im Sinne der Reversibilität, im Sinne eines Gesamtsystems aufeinander zu beziehen. Ich werde dazu im folgenden zwei Beispiele anführen. Diese Phase fällt mit der Einschulung zusammen. Auch hier ist, glaube ich, der entwicklungspsychologische Faktor ausschlaggebend. Mit anderen Worten: würde die Ebene der konkreten Operationen früher erreicht, so hätte man auch das Einschulungsalter früher angesetzt. Das ist jedoch nicht möglich, bevor nicht ein bestimmtes Entwicklungsstadium erreicht ist, das wir nun näher kennzeichnen wollen.

Es sei vorweggenommen, daß die Denkoperationen auf dieser Ebene nicht unserer Logik oder der konkreten Logik des Heranwachsenden gleichkommen. Die Logik des Heranwachsenden – und die des Erwachsenen – ist wesentlich eine Logik der Rede. Das heißt, wir sind imstande – und der Jugendliche ist es mit etwa 12 oder 15 Jahren –, verbale Aussagen und sogenannte Sätze zu reflektieren. Wir sind fähig, Hypothesen zu bilden, uns bei unserem Denken in den Standpunkt eines anderen zu versetzen, ohne die Sätze, über die wir urteilen, für wahr zu halten. Wir

vermögen sie formal und hypothetisch-deduktiv zu handhaben.
Diese Form der Logik läßt, wie wir sehen werden, beim Kind noch geraume Zeit auf sich warten. Bevor es sie erreicht, muß es eine Vorstufe durchlaufen, die ich als die Phase der konkreten Operationen bezeichnen möchte. Ihnen unterliegt eine Form der Logik, die nicht verbale Aussagen, sondern einzig und allein die Objekte selbst, die greifbaren Dinge zum Gegenstand hat. Es ist dies eine Logik der Klassen, denn die Dinge können in Klassen zusammengefaßt werden; eine Logik der Beziehungen, denn die Gegenstände können aufgrund ihrer verschiedenen Beziehungen miteinander verknüpft werden; eine Logik der Zahlen, denn die Gegenstände lassen sich aufzählen. Doch wenn es sich auch bereits um eine Logik der Klassen, Beziehungen und Zahlen handelt, so haben wir es noch nicht mit einer Logik der Sätze zu tun. Und dennoch handelt es sich um eine Logik, insofern Operationen im eigentlichen Sinne auftreten, d. h. Operationen, die in ihr Gegenteil verkehrt werden können, wie z. B. die Addition, die dasselbe ist wie eine Subtraktion, aber in umgekehrter Richtung. Auch deshalb kann man hier von Logik sprechen, weil die einzelnen Operationen aufeinander bezogen, in Gesamtsystemen zusammengefaßt sind, die als solche ihre Gesetze haben. Es muß mit allem Nachdruck darauf hingewiesen werden, wie wichtig diese Gesamtstrukturen für die Entwicklung des Denkens sind.
So besteht die Zahl nicht für sich allein. Gegeben ist die Reihe der Zahlen, d. h. ein geordnetes System von Einheiten. Eine logische Klasse, ein Begriff existiert nicht isoliert, sondern reiht sich ein in ein Gesamtsystem, das wir als Klasse bezeichnen. Das gilt auch für Vergleiche wie „größer als . . .“. Auch diese Beziehungen bestehen nicht für sich allein, sondern sind Teil einer Gesamtstruktur, einer sogenannten Reihe, in der einzelne Elemente aufgrund ein und derselben Beziehung geordnet sind.
Diese Strukturen werden vom 7. Lebensjahr an entwickelt. Von diesem Zeitpunkt an wird die Vorstellung von Invarianz möglich.

Nehmen wir folgende zwei Beispiele, um den Begriff der Gesamtstruktur zu veranschaulichen.

1. *Die Reihenbildung.* Man gibt dem Kind eine Reihe verschieden großer Stäbchen und bittet es, sie vom kleinsten bis zum größten zu ordnen. Freilich ist das Kind vor 7 Jahren dazu imstande, doch wird es empirisch, d. h. versuchsweise vorgehen, was nichts mit einer logischen Operation gemein hat. Hingegen wird es vom 7. Lebensjahr an systematisch an die Aufgabe herangehen. Es wird die Stäbchen untereinander vergleichen, bis es das kleinste gefunden hat und es beiseite legen. Sodann wird es das kleinste der verbleibenden Stäbchen suchen und es zu dem ersten auf den Tisch legen usf. Jede Einheit ist folglich zugleich größer als alle bereits abgelegten und kleiner als alle verbleibenden; mit anderen Worten, das Kind wendet das Gesetz der Reversibilität an.

Diese durchaus bescheidene Operation wird im Bereich der Länge mit etwa 7 Jahren beherrscht. Formuliert man sie rein sprachlich, so wird sie weitaus schwieriger. Die Intelligenztests von Burt, die so reich an logischen Operationen sind, enthalten folgenden Test, mit dem ich mich vor Jahren mit großer Aufmerksamkeit auseinandergesetzt habe. Drei kleine Mädchen mit verschiedener Haarfarbe werden gefragt, welches von ihnen das dunkelhaarigste sei. Edith hat hellere Haare als Susanne und dunklere als Lili. Welches der drei Mädchen hat die dunkelsten Haare? Wie Sie sehen, bedarf selbst der Erwachsene einer kurzen Überlegung, um herauszufinden, daß die Anwort Susanne und nicht Lili heißen muß. Das Kind beherrscht diese Aufgabe nicht vor dem 12. Lebensjahr, denn sie ist verbal formuliert. Und doch ist sie nichts anderes als die zuvor angeführte Reihenbildung, allerdings eine verbale, die sich von den konkreten Operationen, mit denen wir uns im Augenblick beschäftigen, deutlich unterscheidet.

2. *Die Klassifikation.* Nimmt man als Kriterium der Klassifikation das Enthaltensein einer Unterklasse in einer Klasse, d. h. die Erkenntnis, daß der Teil kleiner ist als das Ganze, so wird dieser Begriff nicht vor dem 7. oder 8. Lebensjahr ausgebildet. Dies mag außerordentlich erscheinen, ent-

spricht jedoch den Tatsachen. Sie geben dem Kind einen Blumenstrauß mit sechs Schlüsselblumen und sechs anderen Blumen und fragen: „Sind alle Schlüsselblumen Blumen?" Antwort: „Selbstverständlich!" – „Sind alle Blumen Schlüsselblumen?" Antwort: „Natürlich nicht!" – „Gibt es auf diesem Tisch mehr Schlüsselblumen oder mehr Blumen?" Das Kind wird auf den Tisch sehen und sagen: „Es gibt mehr Schlüsselblumen", oder: „Das kommt aufs gleiche 'raus, denn auf jeder Seite sind es sechs." – „Aber du hast mir doch eben gesagt, daß die Schlüsselblumen Blumen sind. Gibt es also mehr Blumen oder mehr Schlüsselblumen?"

Nun, für das Kind sind die Blumen das, was nach den Schlüsselblumen übrig bleibt. Es sieht nicht den im Ganzen enthaltenen Teil, sondern den Vergleich zwischen zwei Teilen.

Dies ist ein sehr interessantes Merkmal der konkreten Operationen. Sofern man Blumen als Beispiel nimmt, wird die Aufgabe übrigens mit etwa 8 Jahren gelöst. Bei Tieren ist dies später der Fall. Fragen Sie z. B.: „Sind alle Tiere Vögel?" – „Bestimmt nicht! Es gibt Schnecken, Pferde ..." – „Sind alle Vögel Tiere?" – „Sicher!" – „Wenn du nun aus dem Fenster siehst, gibt es mehr Vögel oder mehr Tiere?" – „Ich weiß nicht. Ich müßte sie zählen."

Dem Kind ist es folglich unmöglich, das Enthaltensein der Unterklasse in der Klasse einfach durch die Anwendung von „alle" und „einige" abzuleiten. Gewiß deshalb, weil Blumen zu einem Strauß zusammengefaßt werden können, was einer einfachen konkreten Operation enspricht, während dies im Fall von Schwalben schon schwieriger ist. Sie sind nicht greifbar.

Mit 12 Jahren setzen dann schließlich die formalen Operationen ein, mit 14 haben sie sich stabilisiert.

Dies ist die letzte Stufe der geistigen Entwicklung des Kindes, während der es fähig wird, zu überlegen und abzuleiten, und zwar nicht nur bei greifbaren Gegenständen, wie jenen Stäbchen, und zusammenfassbaren Objekten, sondern in Form von Logik und Ableitungen von Hypothesen und Sätzen. Ein neues logisches Gerüst, ein

System spezifischer Operationen überlagert die voraufgehenden Operationen: eine Logik der Sätze. Sie setzt in der Tat zwei grundlegende Neuerungen voraus. Zum einen eine „Kombinatorik". Bisher wurde von Mal zu Mal, tastend, vorangegangen; wohingegen die Kombinatorik eine beliebige Einheit mit einer beliebigen anderen Einheit verbindet. Es handelt sich also um etwas vollkommen Neues, eine Art Klassifikation aller Klassifikationen, einer Reihung aller Reihen. Die Satzlogik setzt außerdem voraus, daß die verschiedenen Gruppen und Verbände, die bisher auf der Reziprozität, der Inversion und den verschiedenen Formen der Reversibilität (Gruppe der vier Transformationen: Inversion, Reziprozität, Korrelation, Identität) beruhten, in einem einzigen System miteinander verknüpft werden.

Dieser Abschluß wird in unseren Gesellschaften nicht vor dem 14. oder 15. Lebensjahr erreicht. Er nimmt soviel Zeit in Anspruch, weil das Kind verschiedene Stufen durchlaufen muß, wobei jede einzelne notwendig ist, um die nächste zu erreichen.

Bisher habe ich aufzuzeigen versucht, wie notwendig die Zeit für die geistige Entwicklung des Kindes ist. Wenden wir uns nun der zweiten Frage zu, die wir uns eingangs gestellt haben: Handelt es sich hier um einen unabänderlichen Rhythmus, oder gibt es kulturell oder umweltbedingte Abweichungen?

Es lassen sich zwei verschiedene Antworten geben: eine faktische und eine theoretisch-deutende. Die faktischen Antworten sind nun leider nicht von der theoretischen Deutung zu trennen, denn ein Sachverhalt als solcher besagt gar nichts, wenn er nicht gedeutet wird. Die Deutung aber ist auf diesem Gebiet allenthalben heikel.

Die Tatsachen. Gewiß begegnen wir Frühentwicklungen im Verhältnis zu den genannten Alterswerten. Es gibt Menschen, die begabter sind als andere; von Zeit zu Zeit gibt es Genies. Sind nun diese Frühentwicklungen das Ergebnis einer rascheren biologischen Reifung? Das wäre durchaus möglich, denn der individuelle Wachstumsrhythmus ist von einem Menschen zum anderen großen Schwankungen unterworfen. Oder handelt es sich vielmehr um eine Auswirkung der Erziehung, der Übung usw.? Wie wir sehen werden, sagt die reine Tatsache nichts aus, sie bedarf der Interpretation. Zum anderen begegnet man in bestimmten sozialen Klassen und Schichten kollektiven Frühentwicklungen. Hier gilt dieselbe Frage: Handelt es sich um eine Auswahl Hochbegabter oder um einen rein sozialen Einfluß?

In Wirklichkeit findet man in den bisher durchgeführten Vergleichsstudien zu diesem Thema vor allem erstaunliche Verzögerungen im Vergleich zu den von uns ermittelten Alterswerten. So erzielten kanadische Psychologen, die unsere Versuche sehr eingehend und gut standardisiert durchgeführt haben, ähnliche Werte wie unser Genfer Team. Als sie ihre Ergebnisse jedoch mit den Werten einer Erhebungsgruppe der Insel Martinique verglichen, beobachteten sie bei allen Antworten einen Rückstand von vier Jahren. Dabei handelte es sich um nach dem französischen Grundschullehrplan eingeschulte Kinder. Nichtsdestoweniger lagen die kleinen Inselbewohner beim Erwerb der Begriffe der Erhaltung, der Ableitung und der Reihe um vier Jahre zurück.

Doch worum geht es hier? Ist diese Verspätung reife-, mit anderen Worten rassebedingt? Dies scheint äußerst unwahrscheinlich, denn in psychologischer Hinsicht hat man nie dergleichen beobachtet. Oder handelt es sich um einen sozialen Einfluß, d. h. um eine bestimmte Passivität seitens der betreffenden Erwachsenengruppe? Die genannten Psychologen (A. Pinard, M. Laurendeau, C. Boisclair) neigen aufgrund verschiedener Anzeichen zu dieser zweiten Deutung. Einer der Lehrer der untersuchten Kindergruppe hatte vor seiner Berufswahl eine Zeitlang zwischen dem Beruf des Volksschullehrers und dem des Magiers gezögert ... Nun kann eine intellektuell undynamische Erwachsenenwelt eine allgemeine Verzögerung in der kindlichen Entwicklung verursachen.

Dieselben Untersuchungen wurden andererseits im Iran angestellt. Während man in Teheran annähernd dieselben Alterswerte wie hier in Genf ermittelte, beobachtete man bei der analphabetischen Landbevölkerung fast durch-

gehend eine zweieinhalbjährige Verzögerung. Die Reihenfolge der Entwicklungsstufen hingegen bleibt dieselbe.
Tatsache ist also, daß Geschwindigkeit und Dauer der Entwicklung Abweichungen unterworfen sind. Wie lassen sie sich interpretieren? Die Entwicklung, die ich sehr schematisch und verkürzt darzustellen versucht habe, läßt sich im wesentlichen auf vier verschiedene Faktoren zurückführen.
1. Die Vererbung, die innere Reifung. Diesem Faktor muß zweifellos in jeder Hinsicht Rechnung getragen werden, er ist jedoch unzureichend, da er nie isoliert in reiner Form auftritt. Zwar ist der Einfluß der Reifung allenthalben mit im Spiel, er ist jedoch untrennbar mit dem Einfluß der Übung, des Lernens oder der Erfahrung verbunden. Die Vererbung ist mithin kein für sich allein wirksamer Faktor und läßt sich auch psychologisch nicht gesondert behandeln.
2. Die materiale Erfahrung, der Einfluß der Sachwelt. Auch dieser zweite Faktor ist wesentlich und darf nicht unterschätzt werden, doch ist auch er für sich allein genommen unzureichend. So gilt insbesondere, daß die Logik des Kindes sich nicht aus der bloßen Erfahrung mit den Gegenständen ableitet, sondern aus der Einwirkung auf diese Gegenstände, was durchaus nicht dasselbe ist. Mit anderen Worten, das Handeln des Individuums ist grundlegender Bestandteil dieser Erfahrung, die als solche nicht ausreicht.
3. Die soziale Vermittlung, der Erziehungsfaktor im weitesten Sinne. Wenn auch dieser Faktor für die Entwicklung zweifellos bestimmend ist, so ist er doch für sich allein genommen unzulänglich. Und zwar einfach deshalb, weil die Vermittlung zwischen Erwachsenem und Kind, zwischen sozialer Umwelt und Kind seitens des Kindes die Aneignung dessen voraussetzt, was man ihm beizubringen versucht. Diese Verarbeitung wird aber zwangsläufig durch die Gesetze jener teilweise spontanen Entwicklung bedingt, für die ich oben Beispiele gegeben habe.
Erinnern wir uns an die in der Klasse enthaltene Teilklasse, an den Teil, der kleiner ist als das Ganze. In der Sprache

gibt es eine Vielzahl von Fällen, in denen das Einbegriffensein, die Inklusion, durch die Wörter selbst zum Ausdruck kommt. Sie werden jedoch vom Kind einfach nicht erfaßt, solange die Operation nicht auf der Ebene der verinnerlichten Handlungen beherrscht wird. So habe ich z. B. vor Jahren einen anderen Test von Burt untersucht, in dem es darum geht, die Farbe eines Blumenstraußes auf der Grundlage folgender Situation zu bestimmen: Ein Junge sagt zu seinen Schwestern: „Einige meiner Blumen sind Butterblumen.“ (Ich hatte noch vereinfacht und gesagt: „Einige meiner Blumen sind gelb.“) Die erste Schwester anwortet: „Dann ist dein Strauß gelb, er ist ganz gelb.“ Die zweite antwortet: „Einige deiner Blumen sind gelb.“ und die dritte meint: „Keine deiner Blumen ist gelb.“
Die kleinen Pariser – die Untersuchung wurde in Paris durchgeführt – antworteten bis zum 9. oder 10. Lebensjahr: „Die ersten beiden Schwestern haben recht, denn sie sagen beide dasselbe. Die erste sagt: ‚Dein ganzer Strauß ist gelb‘, und die zweite: ‚Einige deiner Blumen sind gelb.‘ Das ist dasselbe; das bedeutet, daß es einige Blumen gibt und sie alle gelb sind.“ Mit anderen Worten, der partitive Genetiv, die Beziehung vom Teil zum Ganzen wurde mangels begrifflicher Verarbeitung der Inklusion sprachlich nicht verstanden.
Kommen wir nun zum 4. Faktor, den ich als den Faktor des Gleichgewichts, des Ausgleichs bezeichnen möchte. Insofern drei Faktoren auf die Entwicklung einwirken, müssen sie sich bereits gegenseitig ausgleichen. Es kommt jedoch noch ein 4. grundlegender Faktor hinzu. Erkenntnisse, neue Begriffe, Behauptungen usw. müssen auf bereits vorhandene abgestimmt werden. Es bedarf eines komplexen Regulierungs- und Ausgleichsmechanismus, um etwas Zusammenhängendes hervorzubringen. Ich möchte diesen Zusammenhang mit dem Wort „Gleichgewicht“ umschreiben. Das Wort ist hier nicht statisch gemeint, sondern im Sinne einer progressiven Ausgleichung (Äquilibration), der auf seiten des Individuums der reaktive Ausgleich der an es herantretenden äußeren störenden Einflüsse entspricht. Diese Ausgleichung mündet am Ende dieser Entwicklung in die operative Reversibilität.

Die Ausgleichung scheint der grundlegende Faktor in dieser Entwicklung zu sein. Durch ihn wird uns verständlich, warum die Entwicklung zwar beschleunigt werden kann, und gleichzeitig, warum diese Beschleunigung eine gewisse Grenze nicht überschreiten kann.

Eine Beschleunigung ist aufgrund der oben angeführten Gegebenheiten möglich. Ist die Entwicklung jedoch vorrangig eine Frage des Ausgleichs und geht man davon aus, daß ein Gleichgewicht sich je nach dem Verhalten des Individuums mehr oder weniger rasch einpendeln kann, so unterliegt die Entwicklung im Gegensatz zur Vererbung theoretisch betrachtet keiner automatischen, von innen her wirksamen Regelung.

Angesichts der Tatsache, daß im Vergleich zu den jungen Griechen aus der Zeit, da Sokrates, Plato und Aristoteles die formalen und prädikatenlogischen Operationen unserer westlichen Logik erfanden, unsere heutige Jugend nicht nur die Prädikatenlogik, sondern darüber hinaus die Erkenntnisse eines Descartes, Galilei, Newton usw. verarbeiten muß, drängt sich die Hypothese auf, daß in der Entwicklung vom Kinde zum Heranwachsenden eine erhebliche Beschleunigung stattgefunden hat.

Die Erlangung des Gleichgewichts braucht gewiß ihre Zeit, sie kann jedoch mehr oder auch weniger rasch vor sich gehen. Dennoch, und dies sei abschließend gesagt, kann eine solche Entwicklung nicht unbegrenzt beschleunigt werden. Ja, ich glaube nicht einmal, daß eine Beschleunigung der kindlichen Entwicklung über eine bestimmte Grenze hinaus von Vorteil wäre. Die Erreichung des Gleichgewichts braucht Zeit; jeder hat hier seinen eigenen Rhythmus. Zu starke Beschleunigung könnte ihn zerstören. Sinn der Erziehung ist nicht, so viel wie möglich zu lernen, die Lernziele immer höher zu stecken, sondern vor allem Lernen zu lernen; zu lernen, sich zu entfalten und sich auch nach der Schulzeit weiterzuentwickeln.

2. Das affektive und das kognitive Unbewußte

Ich werde mich im folgenden mit der Frage des Unbewußten und des Bewußten beschäftigen, wie sie sich bei der Untersuchung der Intelligenz, der Vorstellung (Symbolfunktion) sowie der kognitiven Funktionen stellt, denn ich bin der Auffassung, daß diese auf das kognitive Unbewußte bezogenen Sonderfragen mit jenen vergleichbar sind, die die Vorgänge des affektiven Unbewußten für die Psychoanalyse aufwerfen. Es geht mir freilich nicht darum, die psychoanalytischen Theorien um etwas Neues zu bereichern oder sie zu kritisieren; denn wenn ich in dieser Hinsicht auch ein wenig von den Lehrmeinungen abweiche, so ist dies doch nicht der Ort, darzulegen, warum dem so ist. Hingegen bin ich überzeugt, daß die Psychologie der kognitiven Funktionen und die Psychoanalyse eines Tages gezwungen sein werden, sich zu einer allgemeinen Theorie zu verschmelzen, die sie beide durch gegenseitige Korrektur verbessern wird. Diese Zukunft muß bereits heute vorbereitet werden, indem man die zwischen beiden Disziplinen bestehenden Beziehungen aufzeigt.

Die Problematik der Strukturen

Die Affektivität ist gekennzeichnet durch ihre energetische Zusammensetzung, wobei sich die Ladungen je nach dem Vorzeichen der Bindungen auf das eine oder andere Objekt (Kathexis) verteilen. Kennzeichnend für den kognitiven Bereich des Verhaltens ist hingegen seine Struktur, ob es sich nun um elementare Handlungsschemata, konkrete Operationen der Klassifikation oder Reihenbildung usw. oder um die Logik der Verhältnisse mit ihren „Funktoren“ (Implikationen usw.) handelt. Im Fall der affektiven, mithin energetischen Vorgänge ist das Ergebnis relativ bewußt, d. h. es kommt durch Gefühle zum Ausdruck, die das Individuum mehr oder weniger deutlich als reale

Gegebenheiten wahrnimmt. Gleichwohl bleibt der diesen Vorgängen zugrundeliegende Mechanismus unbewußt, d. h. das Individuum kennt weder die Gründe seiner Gefühle, noch ihren Ursprung (mithin auch nicht ihre Verknüpfung mit seiner Vergangenheit), weder den Grund ihrer mehr oder weniger großen Intensität, noch mögliche Ambivalenzen usw. Eben diese zugrundeliegenden, verborgenen Mechanismen der Energiebesetzungen versucht die Psychoanalyse aufzudecken. Sie wissen besser als ich, wie komplex diese unbewußten psychischen Vorgänge aufgrund ihrer inhaltlichen Vielfalt und ihrer dynamischen Verschränkungen sind.

Hingegen ist es meine Aufgabe, darauf hinzuweisen, daß im Fall der kognitiven Strukturen die Dinge erstaunlich ähnlich liegen: relatives Bewußtsein (auch dies nur von einer bestimmten Entwicklungsstufe an) des Ergebnisses, nahezu vollständiges Unbewußtsein hinsichtlich der dem Ergebnis zugrundeliegenden Vorgänge. Diese sind mehr oder minder bewußt, insofern das Individuum annähernd weiß, was es über einen Gegenstand oder eine Frage denkt, und seine eigenen Meinungen und Überzeugungen kennt, insbesondere, wenn es sie verbalisieren kann, um sie einem anderen mitzuteilen oder sie unterschiedlichen Urteilen gegenüberzustellen. Dies betrifft jedoch, wie gesagt, ausschließlich die Ergebnisse der eigentlichen Denkvorgänge, die selbst bis zu dem Augenblick, wo auf einer weit höheren Ebene das Denken über strukturelle Fragen möglich wird, vollkommen unbewußt bleiben. Bis dahin wird das Denken des Individuums durch Strukturen geleitet, von deren Existenz es nichts weiß. Sie bestimmen nicht nur, was es „tun“ kann und was nicht (mithin Ausmaße und Grenzen seines Vermögens, Probleme zu lösen), sondern darüberhinaus, was es tun „muß“ (d. h. sie bestimmen die notwendigen logischen Verbindungen, denen das Denken unterliegt). Kurzum: die kognitive Struktur ist das System von Verknüpfungen, dessen sich das Individuum bedienen kann und muß. Sie beschränkt sich keineswegs auf die Inhalte seines bewußten Denkens, denn sie ist es, die ihm bestimmte Denkformen aufdrängt in Einklang mit aufeinanderfolgen-

den Entwicklungsstufen, deren unbewußter Ursprung bis auf nervliche und organische Verbindungen zurückgeht.
Das kognitive Unbewußte besteht mithin in einer Menge von Strukturen und Vorgängen, die dem Individuum, von ihren Ergebnissen abgesehen, nicht bewußt werden. Binet hatte demnach seine guten Gründe, als er diese Wahrheit mit dem Bonmot umschrieb: „Das Denken ist ein unbewußtes Handeln des Geistes.“ Er wollte damit sagen, daß das Ich sich zwar des Inhalts seines Denkens bewußt ist, die strukturellen und funktionellen Gegebenheiten, die es zu dieser oder jener Denkweise zwingen, mit anderen Worten, die seinem Denken zugrundeliegenden Mechanismen ihm jedoch verborgen bleiben.
Meine These ist keinesfalls auf das kindliche Denken beschränkt, sonders trifft gleichermaßen auf den Erwachsenen sowie auf die Entwicklung des wissenschaftlichen Denkens zu. So haben die Mathematiker zu allen Zeiten bei ihren Überlegungen bestimmten Strukturgesetzen gehorcht. Die anspruchsvollste dieser Strukturen ist die der „Gruppe“, wie sie unschwer z. B. in den *Elementen* des Euklid auszumachen ist, obgleich dieser nichts von einer solchen Struktur ahnte. Sie wurde erst zu Beginn des 19. Jahrhunderts Galois „bewußt” und wird heute allenthalben als grundlegend anerkannt. Desgleichen sind Aristoteles bei seiner Begründung der Logik durch die Reflexion auf seine eigene Denkweise und die seiner Zeitgenossen bestimmte einfache Strukturen der Klassenlogik und des Syllogismus „bewußt“ geworden. Merkwürdigerweise hat er jedoch nicht gleichzeitig die Strukturen der „Logik der Relationen“ erkannt, obgleich er sie selbst anwandte. Auch ihre bewußte Erfassung geht auf das 19. Jahrhundert, unter anderem auf die Arbeiten Morgans zurück.
Wenn dem auf der Ebene des wissenschaftlichen Denkens so ist, dessen Ziel gerade die Untersuchung der Strukturen ist, so versteht es sich von selbst, daß wir diesem Unbewußtsein weitaus systematischer in allen übrigen Denkformen begegnen: im „natürlichen“ Denken des normalen, wissenschaftlich unbelasteten Erwachsenen und erst recht in dem für die verschiedenen Entwicklungsstufen kennzeichnenden spontanen, ständig schöpferischen Denken des Kindes.

Beschränken wir uns auf ein Beispiel aus dem kindlichen Denken: die Transitivitätsstruktur. Zeigt man einem Kind zwei Stäbe A und B, wobei $A < B$, sodann zwei Stäbe B und C, wobei $B < C$, und versteckt man alsdann A, so ist das Kind mit 5 oder 6 Jahren noch nicht in der Lage, die Beziehung $A < C$ abzuleiten, weil es die Einheiten A und C nicht gleichzeitig vor sich hat. Mit 6 oder 7 Jahren hingegen bildet sich die Struktur der Transitivität heraus und kann von da an auf eine Vielzahl verschiedener Probleme sowohl kausaler als auch mathematischer und logischer Art angewandt werden.

Das Kind ist sich jedoch keineswegs bewußt, eine solche Struktur ausgebildet zu haben, und glaubt weiterhin, in derselben Art und Weise vorzugehen. Noch weniger weiß es, worauf diese Struktur beruht (nämlich auf dem „Verband" der Relationen), noch wie und weshalb sie notwendig wurde. Kurzum, ihm sind die Ergebnisse bewußt, nicht aber die zugrundeliegenden Mechanismen, die sein Denken verändert haben. Sie bleiben als solche unbewußt. Diese Mechanismen in Form von Strukturen und Vorgängen sind es, die wir insgesamt als das kognitive Unbewußte bezeichnen.

Das bewußte Erfassen der Eigenhandlungen und die kognitiven Veränderungen

Wenden wir uns nun einigen Einzelhandlungen des Individuums zu und betrachten wir sie nicht als zugrundeliegenden Strukturen unterworfen, sondern als „manifeste Inhalte" (um einen Freudschen Ausdruck zu benutzen), die als solche bewußt sein müßten, da sie nichts anderes sind als das Ergebnis der verborgenen Vorgänge des Geistes und nicht Bereiche dieser Vorgänge selbst. Doch auch hier werden wir feststellen, daß man, wenn auch die Bewußtwerdung gemeinhin einfach ist, mitunter Fällen begegnet, in denen ihr ein Hemmungsmechanismus entgegenzustehen scheint, der sich mit der affektiven „Verdrängung" vergleichen ließe. (Der Begriff ist eine der wesentlichen Entdeckungen der Freudschen Psychoanalyse).

Um ein Beispiel zu nennen: Einen Gegenstand auf eine bestimmte Entfernung in eine Schachtel zu werfen, ist eine Handlung, die man sich leicht bewußt machen kann: die jüngsten Kinder, die man daraufhin befragt (dies ist mit etwa 4 Jahren möglich), geben an, sich genau vor die Schachtel gestellt zu haben. Habe man sie gezwungen, sich auf die Seite zu stellen, so seien sie von selbst in die richtige Stellung zurückgekehrt. Beobachten wir nun folgenden Versuch.[1] (Dabei haben wir die oben genannten Fragen selbstverständlich nicht gestellt, damit eine eventuelle Beeinflussung vermieden wird.) Man gibt dem Kind eine möglichst einfache Schleuder: eine an einem Faden befestigte Kugel, die man in Umdrehung versetzt und schließlich in Richtung auf ein Ziel losläßt. Man gibt zunächst kein Ziel an. Das Kind wird also zum Spaß die Kugel am Ende des Fadens in Umdrehung versetzen und sie loslassen, wobei es feststellt, daß sie zur Seite wegschnellt. (Es beobachtet im allgemeinen sogar, daß sie in der Verlängerung der Rotationsbewegung wegschnellt.) Sodann stellt man in 30 bis 50 cm Entfernung eine Schachtel auf. Man beobachtet, daß es dem Kind recht schnell (und häufig bereits mit 5 Jahren) gelingt, die Schachtel durch seitliches Schleudern der Kugel zu treffen. (Betrachtet man die Rotationsfläche als Uhr, so würde die Kugel auf die 9 geschleudert, während die Schachtel auf der Höhe der 12 steht.) Man beglückwünscht das Kind und läßt es den Versuch mehrere Male wiederholen. Dann fragt man es, an welchem Punkt es die Kugel losgelassen hat.

Man beobachtet nun folgende merkwürdige Reaktion. Die Kleinsten behaupten, die Kugel genau vor sich (6 auf der Uhr) losgelassen zu haben, worauf sie geradlinig abgegangen sei, sozusagen die Strecke von 6 nach 12 Uhr zurückgelegt habe. Mit anderen Worten, die Bahn würde dem Durchmesser des Rotationskreises entsprechen. Mit 9 oder 10 Jahren wird häufig eine Zwischenlösung vertreten: die Kugel gehe von 11 Uhr oder 10 Uhr 30 ab, und erst mit etwa

[1] Er wurde in Zusammenarbeit mit Herrn Fluckiger durchgeführt.

10 oder 11 Jahren antwortet das Kind sofort, daß der Abgang um 9 Uhr erfolgt, d. h. daß die Kugel schräg und nicht mehr geradlinig auf das Ziel zugegangen ist! Mit anderen Worten, das Kind vermag die Handlung sehr früh mit Erfolg zu vollziehen, braucht jedoch Jahre, um sich dessen bewußt zu werden, ganz so als ob sich etwas dieser Bewußtwerdung widersetzte und bestimmte Bewegungen oder selbst bestimmte Abschnitte des absichtsvollen Verhaltens, obgleich es erfolgreich war, im Unbewußten zurückhielte.

Der Hemmungsfaktor ist nun leicht aufzudecken. Das Kind stellt sich sein eigenes Handeln zweiteilig vor: die Kugel „in Umdrehung versetzen“ und sie dann in die Schachtel „schleudern“, wohingegen es die Kugel in eine beliebige Richtung losläßt, wenn kein Ziel vorhanden ist. Für das Kind setzt nun das „Ins-Ziel-Schleudern“ eine zur Schachtel senkrechte Flugbahn voraus, die Kugel muß mithin genau gegenüber der Schachtel abgehen. Fordert man es auf, sein Handeln zu beschreiben, so rekonstruiert es also logisch aufgrund dieser vorgefaßten Meinung und will nicht sehen, daß es in Wirklichkeit anders vorgegangen ist. Es verzerrt somit ein Faktum bzw. schiebt es beiseite aufgrund der Vorstellung, die es sich davon macht und die es für die einzig richtige hält.

Es ließen sich zahlreiche ähnliche Beispiele anführen. Wenn das Kind fähig wird, (aus sich selbst heraus oder durch Nachahmung) einen Tischtennisball mit einem oder zwei Fingern auf eine horizontale Ebene zu projizieren, um ihn anschließend zurückprallen zu lassen, will es nicht einsehen, daß es sein Zurückprallen von Anbeginn an bestimmt hat, sondern glaubt festzustellen, daß der Ball zunächst vorwärtsgeht und dann selbst die Richtung ändert.[2] Oder aber wenn das Kind einen Gegenstand mit einem Stab durch seitliches Berühren anstößt, sieht es nicht, daß es gleichzeitig Rotations- und geradlinige Vorwärtsbewegungen bewirkt.

[2] Die Untersuchung wurde in Zusammenarbeit mit A. Papert-Chrystophider durchgeführt.

Um diese Lücken oder Verzerrungen des Bewußtseins zu erklären, könnte man versucht sein, einen scheinbar sehr einleuchtenden Grund anzuführen: das Kind „versteht" einfach nicht, was es gemacht hat, und beschränkt sich deshalb darauf, nur das zurückzubehalten, was ihm verständlich erscheint. Wir halten diese Deutung jedoch für unzulänglich. Es ist nicht so, als hätte das Kind seine erfolgreichen Handlungen (schräges Schleudern der Kugel, umgekehrte Rotation des Tischtennisballs) nicht verstanden: es hat sie im wesentlichen erfaßt, allerdings handlungsmäßig und nicht begrifflich, d. h. aufgrund sensomotorischer und nicht symbolischer Schemata. Mit anderen Worten, es „weiß", wie man schleudert usw., doch beruht dieses Wissen auf einem perzeptiven und motorischen Lernen (ist also durchaus nicht angeboren).
Die Frage bleibt jedoch bestehen: warum werden einige sensomotorische Handlungsschemata bewußt (durch Übersetzung in bildhafte oder sogar verbale Begriffe), während andere unbewußt bleiben? Deshalb, weil letztere zu bestimmten bereits bestehenden bewußten Vorstellungen (z. B. dem Bewußtsein, daß man einer Schachtel genau gegenüberstehen muß, will man eine Kugel hineinwerfen, oder daß eine Kugel sich nicht vorwärts bewegt, wenn man sie in umgekehrter Richtung dreht usw.) im Widerspruch stehen und mithin das benutzte sensomotorische Schema und die im voraus bestehende Vorstellung nicht übereinstimmen. In diesem Fall kann das Schema natürlich nicht in das System der bewußten Begriffe integriert werden und bleibt unberücksichtigt, weil diese Begriffe, insofern sie schon lange bewußt sind und zum festen gedanklichen Bestand des Individuums rechnen, im Verhältnis zum Handlungsschema einen höheren Rang haben.
Wir haben es hier also mit einem der affektiven Verdrängung sehr ähnlichen Vorgang zu tun. Steht eine Empfindung oder ein Trieb im Widerspruch zu Empfindungen oder Trieben höheren Ranges (z. B. des Über-Ich), so werden sie durch zwei Mechanismen beseitigt: durch die bewußte Unterdrückung oder die unbewußte Verdrängung. Wir beobachten nun im kognitiven Bereich einen ähnlichen

Vorgang, wobei es sich wohl eher um eine bewußte Verdrängung handelt. Man darf nämlich davon ausgehen, daß das Kind nicht erst eine bewußte Hypothese aufstellt, um sie anschließend zu verwerfen. Vielmehr hat es die Bewußtwerdung des Schemas verhindert, d. h. es hat das Schema aus dem Bewußtseinsfeld verdrängt, bevor es in dieses in begrifflicher Form überhaupt eindringen konnte (wir werden noch sehen, daß diese begriffliche Form die einzig mögliche ist, denn selbst ein geistiges Bild bezieht sich auf einen Begriff).
Dieser Mechanismus der kognitiven Verdrängung geht übrigens zweifellos über den Bereich der Bewußtwerdung des Handelns (d. h. sensomotorischer Schemata) hinaus. So hat z. B. Pribram auf neurologischem Gebiet zeigen können, daß im Fall mehrerer gleichzeitiger Inputs ein kortikaler Regulationsmechanismus einsetzt, der die einen als Stimuli aufnimmt und die übrigen zurückhält und sie somit wirkungslos macht.

Der Mechanismus der Bewußtwerdung

Man macht sich im allgemeinen eine vollkommen unzulängliche (um nicht zu sagen falsche) Vorstellung von der Bewußtwerdung, indem man sie sich als eine Art Belichtung von bis dahin im Verborgenen gebliebenen Sachverhalten vorstellt, die ansonsten nichts verändern würde (etwa so wie eine Taschenlampe, mit der man irgend eine Ecke beleuchtet, plötzlich alles sichtbar macht, ohne das geringste am Standort und den Beziehungen zwischen den Gegenständen zu verändern).
In Wirklichkeit geht die Bewußtwerdung nun aber weit darüber hinaus. Sie besteht nämlich darin, bestimmte Einheiten von einer unteren, unbewußten Ebene auf eine höhere Ebene zu bringen, wobei diese beiden Stufen nicht identisch sein können; andernfalls gäbe es beim Übergang von der einen zur anderen keine Schwierigkeiten, was offensichtlich nicht der Fall ist. Mit der Bewußtwerdung wird vielmehr auf höherer Ebene das rekonstruiert, was in

anderer Gestalt auf der unteren Ebene bereits vorhanden ist. Folglich stellt sich die Frage nach dem funktionalen Nutzen dieser Rekonstruktion sowie nach den ihr zugrundeliegenden strukturalen Vorgängen.
Was den funktionalen Nutzen anbelangt, so hat Claparède bereits darauf hingewiesen, daß die Bewußtwerdung anläßlich einer Anpassungsschwierigkeit eintritt, da im Fall eines wohl angepaßten, gut eingespielten Verhaltens kein Grund besteht, bewußt dessen Mechanismen zu untersuchen. So kann man z. B. in großer Geschwindigkeit die Treppe hinabgehen, ohne sich jede einzelne Bein- und Fußbewegung bewußt zu machen, ja, täte man es, so würde man den Erfolg der Handlung stark in Frage stellen. In einer unserer Untersuchungen hat A. Papert Kinder auf allen Vieren laufen lassen und sie anschließend aufgefordert, die Bewegungen ihrer Hände und Füße zu beschreiben: Kleinere Kinder haben eine nicht zu verwirklichende Vorstellung, derzufolge zunächst beide Hände, dann beide Füße vorwärts gehen. Später erhält man ein mögliches, aber nicht benutztes Modell (zunächst die beiden linken Glieder, dann die rechten). Mit 10 – 11 Jahren schließlich geben nur zwei Drittel der Kinder eine zutreffende Beschreibung. Bevor Frau Papert ihre Ergebnisse auf einem unserer Symposien vortrug, bat sie unsere verehrten Gäste, für einen Augenblick ihre Erwachsenenwürde zu vergessen und selbst den Versuch zu machen: Während Physiker und Psychologen ihre Bewegungen korrekt analysierten, rekonstruierten die Logiker und Mathematiker sie deduktiv im Sinne des zweiten Schemas.
Eine wohl angepaßte Handlung bedarf nun deshalb nicht der Bewußtwerdung, weil sie durch zureichende sensomotorische Regulierungen geleitet wird, die deshalb zu Automatismen werden. Wird jedoch eine aktive Regulierung notwendig, was absichtsvolle Entscheidungen zwischen zwei oder mehreren Möglichkeiten voraussetzt, so kommt es aufgrund eben dieses Bedürfnisses zur Bewußtwerdung. Das zeigen die vorstehend angeführten Untersuchungen.
Was die strukturalen Vorgänge anbelangt, so besteht die mit der Bewußtwerdung einhergehende Rekonstruktion in einer

begrifflichen Umsetzung. Im Gegensatz zum Sprachgebrauch enthält das kognitive Unbewußte keine Begriffe in Form von Vorstellungen, und die Idee der „unbewußten Vorstellung“ scheint mir ein Widerspruch in sich zu sein: das Unbewußte enthält bereits strukturierte sensomotorische oder operative Schemata, die jedoch zum Ausdruck bringen, was das Individuum „tun“ kann, nicht aber was es denkt. In affektiver Hinsicht ist das Unbewußte ebenfalls mit Strebungen, mit energetischen Ladungen, also mit affektiven oder charakteriellen Schemata usw. ausgestattet. Demnach kann die die Bewußtwerdung kennzeichnende begriffliche Rekonstruktion unmittelbar zum Tragen kommen, sofern sie durch keinerlei Widerspruch gehemmt wird. Andernfalls ist sie zunächst verzerrt und lückenhaft, um sich nach und nach dank neuer begrifflicher Systeme zu vervollständigen, die es möglich machen, Widersprüche durch Einbeziehung in diese neuen Systeme aufzulösen.

Katharsis und Gedächtnis

Dieser Vorgang der kognitiven Bewußtwerdung erinnert an den von der Psychoanalyse als *Katharsis* beschriebenen Prozeß, der gleichzeitig eine Bewußtwerdung der affektiven Konflikte und eine Reorganisation ist, aufgrund derer die Überwindung der Konflikte möglich wird. Ich bin kein Fachmann der Psychoanalyse und möchte darum vorsichtig sein. Mir scheint jedoch die Katharsis etwas völlig anderes als eine einfache Aufhellung zu sein, da andernfalls ihre therapeutische Wirkung unverständlich wäre: Ist sie nicht vielmehr eine auf einer Reorganisation beruhende Verarbeitung und Aufhebung der Konflikte? Worauf stützt sich diese Reorganisation nun aber?

Erikson hat in dieser Hinsicht eine sehr aufschlußreiche These vertreten. Ihr zufolge wird die affektive Gegenwart – wie Freud aufgezeigt hat – durch die Vergangenheit des Individuums bestimmt; die Vergangenheit wird jedoch ihrerseits selbst ständig durch die Gegenwart restrukturiert. Dies trifft nun ganz besonders auch auf die kognitiven

Systeme zu. Deshalb ist die Bewußtwerdung immer auch eine Reorganisation und nicht nur eine Übersetzung oder Vorstellung.

Die These Eriksons impliziert unter diesen Umständen jedoch eine Entscheidung zwischen den beiden möglichen Deutungen des Gedächtnisses; genauer gesagt zwingt sie uns, uns für die zweite zu entscheiden. Der ersten Interpretation zufolge sind die Erinnerungen als solche im Unbewußten gelagert. Sie würden folglich nach Bedarf abgerufen, ohne im geringsten verändert oder reorganisiert zu werden. Die zweite Definition hingegen geht davon aus, daß jede Operation des Evokationsgedächtnisses mit einer Reorganisation einhergeht, daß also das Gedächtnis wie ein Historiker arbeitet, der von wenigen, immer unvollständigen Dokumenten ausgehend, die Vergangenheit teilweise deduktiv wiederherstellt.

Nun reichen die falschen Erinnerungen allein bereits aus, um diese zweite Theorie zu sichern, denn sie stellen sich dem Bewußtsein ebenso lebendig und wirklich dar wie die authentischen Erinnerungen. So erinnere ich mich selbst z. B. äußerst genau und lebendig, als Säugling, in meinem Wagen angebunden, Opfer eines Entführungsversuchs gewesen zu sein: ich sehe eine Reihe genauer Einzelheiten (Ort des Abenteuers, Kampf zwischen dem Kindermädchen und dem Kinderdieb, Heraneilen der Passanten und des Polizisten usw.) vor mir. In Wirklichkeit hat unser Kindermädchen, als ich 15 Jahre alt war, meinen Eltern brieflich mitgeteilt, daß die ganze Geschichte von ihr erfunden worden war und sie selbst u. a. die Kratzer auf meiner Stirn verursacht hatte. Ich muß also mit etwa 5 oder 6 Jahren von diesem Entführungsversuch gehört haben, an den meine Eltern zu der Zeit noch glaubten, und aufgrund dieser Schilderung habe ich eine visuelle Erinnerung fabriziert, die noch heute andauert. Es handelt sich hier folglich durchaus um eine, wenn auch falsche, Nachbildung. Hätte das Ereignis wirklich stattgefunden, wäre die Erinnerung wahr gewesen, so hätte ich es wahrscheinlich auf dieselbe Art und Weise rekonstruiert, denn für den Säugling gibt es noch kein Evokations-, sondern nur ein Rekognitionsgedächtnis.

Im Anschluß an diese Überlegungen haben wir mit B. Inhelder und H. Sinclair die Gedächtnisvorgänge im Laufe der kindlichen Entwicklung zu analysieren versucht und sind dabei zu Ergebnissen gelangt, die eindeutig für die Rekonstruktionstheorie sprechen. Man zeigt dem Kind eine geordnete Reihe von 10 verschieden langen Stäbchen, die es nur eine Zeitlang ansieht, ohne sie selbst zu ordnen. Eine Woche später fragt man es, was es gesehen habe, und beobachtet verschiedene Erinnerungsebenen: (a) einige gleichlange Stäbchen; (b) Paare großer und kleiner Stäbe; (c) Dreigespanne von langen-mittleren-kurzen Stäbchen; (d) richtige aber zu kurze Reihen sowie (e) die vollständige Reihe. Man erkennt bereits an dieser Stelle, daß – von (e) abgesehen – nicht der wahrnehmbare, objektive Sachverhalt, sondern die Vorstellung des Individuums ins Gedächtnis aufgenommen wird. Sechs Monate später beobachtet man bei 74% der Versuchspersonen einen geringfügigen Fortschritt gegenüber der voraufgehenden Erinnerung (wobei die Vorlage selbstverständlich nicht erneut gezeigt wurde): einige Versuchspersonen der Gruppe (a) sind in die Gruppe (b) übergegangen, andere von (b) nach (c) usw. Man darf folglich davon ausgehen, daß das Erinnerungsbild nichts anderes als ein Symbol für ein Schema ist (hier ein Reihungsschema). Insofern dieses Schema nun innerhalb der sechs Monate Fortschritte gemacht hat, ist sein Erinnerungsbild gezwungen, sich ihm anzupassen.

Gewiß unterliegen nicht alle Erinnerungen demselben Prozeß. In Wirklichkeit beobachtet man in der Mehrzahl der Fälle eine Verschlechterung. Nichtsdestoweniger handelt es sich um eine gewisse Schematisierung, die bestimmte Erkenntniskonflikte klären hilft. Z. B. sieht das Kind in der Figur  die zahlenmäßige Gleichheit der oberen und unteren Elemente (jeweils vier). Es schließt daraus, daß die Länge der Linien gleich sein müssen. Nun müssen aber in seiner Vorstellung zwei gleichlange Linien identische Endpunkte haben. In seiner Erinnerung wird deshalb das W häufig durch weitere Glieder ergänzt, bis die Endpunkte

beider Linien sich decken. Auch dieses Beispiel zeigt den Anteil der Rekonstitution am Gedächtnis.
All dies läßt uns den Kindheitserinnerungen gegenüber vorsichtig werden. Denn wenn das Gedächtnis bereits im kognitiven Bereich eine mehr oder weniger exakte Rekonstruktion liefert, so kann die Rekonstitution, sobald es um affektive Vorgänge, Konflikte usw. geht, nur noch komplexer sein. Hier wäre eine Vergleichsstudie über die affektiven und kognitiven Veränderungen der Erinnerung vonnöten.

Die Problematik der Entwicklungsstadien

Eine Reihe von Untersuchungen haben sich bereits mit den Beziehungen zwischen unserer Analyse der erkenntnismäßigen Entwicklung im Verlauf der sensomotorischen Phase und den Arbeiten Freuds und den von ihm für dieselbe Phase ermittelten Stadien beschäftigt. Ich erinnere nur an die Analysen von D. Rapaport und die schöne Untersuchung von Wolff sowie an den von Cobliner verfaßten Anhang zum jüngsten Werk von Spitz.[3]
Besonders ergiebig waren in dieser Hinsicht die Untersuchungen von Th. Gouin-Décarie in Montreal über die Beziehungen zwischen der kognitiven Entwicklung des Schemas des permanenten Gegenstandes und der Entwicklung der „Objektbeziehungen" im Sinne Freuds. Ich habe vor Jahren gezeigt, daß ein Objekt, das aus dem Wahrnehmungsfeld des Säuglings verschwindet, nicht als permanenter Gegenstand wahrgenommen und nicht hinter dem verdeckenden Tuch gesucht wird: er hat sich dort sozusagen aufgelöst, anstatt unverändert eine Stelle im Raum einzunehmen. Gegen Ende des ersten Jahres wird er allmählich, je nach seinen Ortsveränderungen gesucht. Th. Gouin-Décarie konnte nun nachweisen, daß diese neue Reaktion im Zusammenhang steht mit der Herausbildung

[3] René A. Spitz, *The First Year of Life*, New York 1965; dt. *Vom Säugling zum Kleinkind*, Stuttgart 1967.

der Objektbeziehungen und daß diese beiden Entwicklungsaspekte im allgemeinen synchron verlaufen. Ich hatte darüber hinaus darauf hingewiesen, daß das erste Objekt mit (kognitiver) Permanenz der Andere und nicht irgendein lebloser Gegenstand ist. Th. Gouin konnte diese Hypothese – die auf der Beobachtung einer einzelnen Versuchsperson beruhte – inzwischen erhärten.
Es lassen sich weitere Korrelationen zwischen kognitiven und affektiven Stadien anführen. So bilden sich mit 7 oder 8 Jahren gleichzeitig mit den reversiblen Operationen neue Reziprozitätsbeziehungen (im logischen Sinne) heraus. Im Bereich der ethischen Gefühle stellt man nun zu diesem Zeitpunkt eine Abschwächung der Macht des Über-Ich und der Autorität zugunsten von Gerechtigkeitsgefühlen und anderen Aspekten der moralischen und affektiven Gegenseitigkeit fest. Desgleichen beobachtet man späterhin beim Heranwachsenden, wenn er in die soziale Welt der Erwachsenen eintritt, Beziehungen zwischen den affektiven und den kognitiven Veränderungen.
Aus diesen zahlreichen Übereinstimmungen kann nun freilich nicht geschlossen werden, daß die kognitiven Veränderungen die affektiven verursachen. Ich glaube jedoch ebensowenig, daß diese jene bestimmen, wie die Psychoanalytiker von vornherein anzunehmen geneigt sein könnten (vgl. hierzu die frühen Untersuchungen von Odier). Gewiß können die Affektivität oder die affektiven Frustrationen Ursprung erkenntnismäßiger Entwicklungsbeschleunigungen oder Spätentwicklungen sein. Spitz hat diesen Zusammenhang in berühmten Untersuchungen nachgewiesen. Dies bedeutet jedoch nicht, daß die Affektivität die kognitiven Strukturen erzeugt, ja, nicht einmal, daß sie sie verändert. Sie bleiben für sich selbst sinnvoll. Vielmehr sind die affektiven und kognitiven Mechanismen trotz ihrer Verschiedenheit stets untrennbar. Dies versteht sich im übrigen von selbst, insofern die einen energetisch, die anderen strukturell bedingt sind.
Es drängt sich somit der Schluß auf, daß eine Vielzahl von Problemen noch ihrer Lösung harrt und wir bereits heute an die Begründung einer allgemeinen Psychologie denken

sollten, deren Gegenstand gleichzeitig die von der Psychoanalyse entdeckten Mechanismen und die kognitiven Vorgänge wären, denn ein Vergleich, wie er im Voraufgehenden versucht wurde, ist nur ein Anfang, erscheint jedoch sehr vielversprechend.

3. Die Stadien der geistigen Entwicklung des Kindes und des Heranwachsenden

Die Stadien der geistigen Operationen stellen einen Sonderfall dar, den man auf andere Bereiche nicht übertragen kann. Betrachtet man z. B. die Entwicklung der Wahrnehmung oder der Sprache, so beobachtet man eine völlig andere, weit größere Kontinuität als im Bereich der logisch-mathematischen Operationen. So wäre es mir unmöglich, etwa im Bereich der Wahrnehmung einen ähnlichen Aufriß der Stadien zu geben wie den, den ich Ihnen hier im Bereich der geistigen Operationen unterbreiten darf; denn auch bei der Wahrnehmung finden wir jene organische Kontinuität, die man zwar aus praktischen Gründen aufteilen kann, die jedoch keine natürlichen Unterteilungen aufweist.

Auf dem Gebiet der geistigen Operationen hingegen können wir gleichzeitig einmal die Herausbildung der Strukturen, die wir von ihren ersten Verzweigungen an verfolgen können, zum anderen ihre Vollendung beobachten, d. h. die Erreichung von Gleichgewichtsstufen. Betrachten wir z. B. den Aufbau der ganzen Zahlen: Wir können ihre Strukturierung von den Zahlen 1, 2, 3 usw. an verfolgen, d. h. bis zu dem Augenblick, wo das Kind die Reihe der Zahlen und gleichzeitig die ersten arithmetischen Operationen entdeckt. Diese Struktur ist also zu einem bestimmten Zeitpunkt ausgebildet und erreicht ihr Gleichgewicht. Dieses ist so beständig, daß sich die ganzen Zahlen ein Leben lang nicht mehr verändern, wiewohl sie in komplexere Systeme (Bruchzahlen usw.) eingehen. Wir haben es hier folglich mit einem Sonderfall zu tun, bei dem wir die Bildung der Strukturen wie auch ihre Vollendung beobachten können, wobei verschiedene Strukturen in zahlreichen Kombinationen aufeinanderfolgen oder ineinander übergehen können.

In diesem Sonderbereich und, wie gesagt, ohne das Problem der Verallgemeinerung zu stellen, wollen wir als Stadien jene Abschnitte bezeichnen, die folgenden Kriterien genügen:

1. Ein Stadium setzt die *Beständigkeit der Reihenfolge der erworbenen Verhaltensweisen* voraus. Wie gesagt, nicht die chronologische Abfolge, sondern die Reihenfolge. Zwar kann man die Abfolge der Stadien einer bestimmten Bevölkerung chronologisch festlegen, diese Chronologie ist jedoch großen Schwankungen unterworfen. Sie hängt nicht nur von der Reifung, sondern gleichermaßen von der Erfahrung des Individuums ab, vor allem aber von der sozialen Umwelt, die den Eintritt eines Stadiums beschleunigen oder verzögern, ja sogar völlig verhindern kann. Es handelt sich hier um eine sehr komplexe Frage, und ich bin durchaus nicht in der Lage, die mittleren Alterswerte bei diesen Stadien für irgendeine andere Bevölkerung zu beurteilen. Ich betrachte ausschließlich das Alter unserer Versuchsgruppen; die so ermittelten Alterswerte sind mithin weitgehend relativ.

Im Falle der Stadien hingegen ist die Reihenfolge der Verhaltensweisen als konstant zu betrachten, d. h. es wird nicht so sein, daß ein Merkmal bei einer bestimmten Anzahl von Individuen vor einem anderen auftritt, während es bei einer anderen Gruppe von Individuen erst nach diesem auftritt. Wo die Merkmale derartigen Schwankungen unterworfen sind, sind sie in Hinsicht auf die Stadien nicht brauchbar.

2. Das Stadium muß das *Merkmal der Integration* aufweisen, d. h. die in einem bestimmten Alter ausgebildeten Strukturen werden integrierender Bestandteil der Strukturen der folgenden Altersstufe. So wird z. B. der Begriff des permanenten Gegenstandes, der sich im Verlauf der sensomotorischen Phase herausbildet, zum integrierenden Faktor der späteren Begriffe der Erhaltung einer Menge oder eine Sammlung (collection), oder aber der Erhaltung eines Gegenstandes, dessen räumliche Erscheinungsform sich ändert. Desgleichen werden die von uns als konkret bezeichneten Operationen später zum festen Bestandteil der formalen Operationen, insofern letztere zwar eine neue Struktur darstellen, sich jedoch inhaltlich auf die konkreten Operationen stützen (die formalen Operationen werden also auf der Grundlage anderer Operationen ausgeführt).

3. In Zusammenarbeit mit Fräulein Inhelder haben wir uns von jeher bemüht, ein Stadium nicht durch das Nebeneinanderstellen von einander fremden Eigenschaften, sondern vielmehr durch eine *Gesamtstruktur* zu kennzeichnen. Dieser Begriff ist im Bereich der Intelligenz eindeutiger als anderswo. Eine Struktur wäre z. B. auf der Ebene der konkreten Operationen eine Gruppenbildung mit den logischen Merkmalen der Gruppenbildung, wie wir sie in der Klassifikation und in der Reihe vorfinden. Späterhin, auf der Ebene der formalen Operationen, besteht die Struktur aus der Gruppe der vier Ortsveränderungen (Transformationen), auf die ich zurückkommen werde, oder dem Verband. Diese Strukturen lassen sich durch das sie begründende Gesetz der Gesamtheit kennzeichnen, dank dessen man bei einer einmal ausgebildeten Struktur all jene Operationen bestimmen kann, denen sie zugrunde liegt. So weiß man z. B. bei einem Kind, das die eine oder andere Denkstruktur erworben hat, daß es einer Vielzahl weiterer Operationen fähig ist, die auf den ersten Blick nicht das Geringste miteinander zu tun haben. Hier liegt der Vorteil des Strukturbegriffs: sind die Strukturen komplex, so lassen sich dank dieses Begriffs eine Reihe scheinbar beziehungsloser Handlungsschemata auf eine höhere Einheit zurückführen. In diesem Fall ist die Gesamtstruktur als solche kennzeichnend für das entsprechende Stadium.
4. Ein Stadium umfaßt mithin einerseits eine *Vorbereitungsphase*, andererseits eine *Phase der Vollendung*. So erstreckt sich z. B. im Fall der formalen Operationen das Stadium der Vorbereitung vom 11. bis zum 13. oder 14. Lebensjahr, wobei die Vollendung der Stufe des Gleichgewichts entspricht, die zu diesem Zeitpunkt erreicht wird.
5. Da nun aber die Vorbereitung bestimmter Fähigkeiten sich über mehrere Stadien erstreckt – wobei sich bestimmte lange und andere kürzere Vorbereitungsphasen überschneiden – und die Vollendung außerdem jeweils verschiedene Stabilitätsgrade aufweist, muß man in jeder Stadienfolge die *Bildungsprozesse* oder die Genese von den *Endformen des (relativen) Gleichgewichts* unterscheiden: nur letztere sind Gesamtstrukturen im Sinne von 3., während die Bildungs-

prozesse in Form von aufeinanderfolgenden Differenzierungen derartiger Strukturen zum Ausdruck kommen (Differenzierung der vorhergehenden Struktur und Vorbereitung der folgenden).

Ich möchte abschließend die Bedeutung des Begriffs der *Verschiebung* (décalage) hervorheben, auf den wir noch zurückkommen werden. Er kann sich nämlich der Verallgemeinerung der Stadien entgegenstellen und veranlaßt uns zu Vorsicht und Einschränkungen. Die Verschiebungen kennzeichnen die Wiederholung oder die Reproduktion desselben Bildungsprozesses auf verschiedenen Altersstufen. Wir wollen *horizontale* und *vertikale Verschiebungen* unterscheiden.

Wir sprechen von horizontalen Verschiebungen, wenn ein Handlungsschema verschiedene Inhalte abdeckt. Im Bereich der konkreten Operationen wird ein Kind z. B. mit 7 oder 8 Jahren Mengen, Längen usw. reihen können und gleichzeitig den Begriff der Erhaltung im Hinblick auf diese Inhalte erwerben. Dieselben Operationen gehen ihm hingegen zu diesem Zeitpunkt im Bereich des Gewichts noch ab, während es im Durchschnitt 2 Jahre später fähig ist, sie auf diesen neuen Inhalt zu übertragen. Formal gesehen sind die Operationen jedoch dieselben, nur auf andere Bereiche angewandt. In diesem Fall sprechen wir von einer horizontalen Verschiebung innerhalb ein und derselben Entwicklungsphase.

Die *vertikale* Verschiebung hingegen ist die Rekonstruktion einer Struktur mit Hilfe anderer Operationen. Der Säugling beherrscht gegen Ende der sensomotorischen Phase die – um mit H. Poincaré zu sprechen – „Bewegungsgruppe“, d. h. er ist in der Lage, sich in seiner Wohnung zu orientieren usw. Diese Gruppe ist nun ausschließlich praktischer Natur und beruht keineswegs auf Vorstellung. Gilt es einige Jahre später, sich dieselben Bewegungen vorzustellen, d. h. sie als Handlungsschema zu verinnerlichen, finden wir ähnliche Bildungsabschnitte wieder, jedoch auf einer anderen Ebene, nämlich der der Vorstellung. Es handelt sich diesmal um andere Operationen. In diesem Fall wollen wir von einer vertikalen Verschiebung sprechen.

Wir wollen die geistige Entwicklung des Kindes nunmehr in drei große Phasen aufteilen [1]:

I. *Die Phase der sensomotorischen Intelligenz*

Diese erste Phase erstreckt sich von der Geburt bis zum Einsetzen des Sprechens, d. h. etwa über die ersten zwei Lebensjahre. Wir unterscheiden sechs Stadien:

1. *Übung der Reflexe*: bis zum Alter von 1 Monat.
2. *Erste Gewohnheiten*: erste feste Konditionierungen und „primäre" Zirkulärreaktionen (d. h. solche, die auf den eigenen Körper bezogen sind, wie z. B. das Daumenlutschen): 1 bis 4 1/2 Monate.
3. *Koordinierung des Sehens und Greifens*, erste „sekundäre" Zirkulärreaktionen (d. h. auf manipulierte Körper bezogen). Beginnende Koordinierung der qualitativen, bis dahin heterogenen Räume, ohne Suchen verschwundener Gegenstände; einsetzende Unterscheidung zwischen Zielen und Mitteln. Der Erwerb eines neuen Verhaltens ist nicht zielbestimmt: 4 1/2 bis 8 oder 9 Monate.
4. *Koordination der sekundären Verhaltensschemata* und u. U. Anwendung bekannter Verhaltensschemata zur Erreichung eines neuen Ziels (der Säugling verfügt über mehrere mögliche Mittel für ein und dasselbe Ziel und kennt mehrere mögliche Ziele für ein und dasselbe Mittel). Beginnendes Suchen nach einem verschwundenen Gegenstand, jedoch ohne Koordination der aufeinanderfolgenden Bewegungen und Standorte: 8–9 bis 11–12 Monate.
5. *Differenzierung der Verhaltensschemata durch die „tertiäre" Zirkulärreaktion* (Variation der Situation durch gezielte Exploration und Ausprobieren) und *Entdeckung neuer Mittel*. Beispiele: Verwendung der Unterlage (an einer Decke ziehen, um einen auf ihr befindlichen Gegenstand zu sich heranzuholen; negative Reaktion, wenn Gegenstand neben oder über der Unterlage), Verwendung der Schnur

[1] Als „Phase" bezeichnen wir die großen Einheiten, als „Stadium" oder „Teilstadium" ihre Unterteilung.

oder des Stocks (durch Ausprobieren). Suchen nach dem verschwundenen Gegenstand und Lokalisierung gemäß den aufeinanderfolgenden wahrnehmbaren Ortsveränderungen. Beginnender Aufbau der „praktischen Bewegungsgruppe" (Umwege und aktive Kehrtwendungen): 11–12 bis 18 Monate.

6. *Beginnende Verinnerlichung und Lösung verschiedener Probleme mit Unterbrechung der Handlung und plötzlichem Begreifen.* Z. B. Verwendung des Stocks, soweit sie nicht durch Ausprobieren im Verlauf des 5. Stadiums erworben wurde. Verallgemeinerung der praktischen Bewegungsgruppe und Einbeziehung verschiedener nicht wahrnehmbarer Bewegungen ins System: 18 bis 24 Monate.

Vergleicht man diese sechs Stadien mit denen des späteren vorstellungsmäßigen Denkens, so fällt auf, daß erstere – um mit unserem Präsidenten Michotte zu sprechen – das Urbild der letzteren sind (der Vorwegnahme des Begrifflichen vergleichbar, von der er hinsichtlich der Wahrnehmung spricht). Wir beobachten nämlich auf dieser praktischen Ebene eine Organisation der Bewegungen und Ortsveränderungen, die sich, nachdem sie zunächst ausschließlich auf den eigenen Körper bezogen sind, nach und nach dezentrieren und so in einen Raum einordnen, in dem das Kind sich als ein Teil unter anderen begreift (bzw. in ein System permanenter Gegenstände, das seinen Körper neben anderen umfaßt). Wir haben es hier im Kleinen und auf praktischer Ebene mit dem gleichen Prozeß fortschreitender Dezentrierung zu tun, dem wir in der Folge auf der Ebene der Vorstellung begegnen, nun in Form von geistigen Operationen und nicht von einfachen praktischen Handlungen.

II. *Die Vorbereitungs- und Aufbauphase der konkreten Operationen der Klassen, der Beziehungen und der Zahl*

Wir wollen als konkrete Operationen jene bezeichnen, deren Gegenstand manipulierbare Objekte sind (aktualisierte oder unmittelbar vorstellbare Manipulationen) im Gegensatz zu

Operationen, die sich auf Hypothesen oder rein verbale Aussagen erstrecken (Aussagenlogik).
In dieser Phase, die vom 2. bis zum 11. oder 12. Lebensjahr reicht, lassen sich unterscheiden: eine Teilphase A der funktionalen Vorbereitung der Operationen[2], die aber noch eine präoperationelle Struktur aufweist, und eine Teilphase B der eigentlichen operationellen Strukturierung.

A. Die Teilphase der präoperationellen Vorstellungen

Diese Teilphase läßt sich ihrerseits in drei Stadien unterteilen: 1. Vom 2. Lebensjahr bis zum Alter von 3 1/2 oder 4 Jahren: *Auftreten der Symbolfunktion und Anfänge der Verinnerlichung der Handlungsschemata in Form von Vorstellungen.* Die Denkvorgänge dieses Stadiums sind am wenigsten erforscht, denn vor dem Alter von 4 Jahren ist es unmöglich, das Kind in einer geschlossenen Unterhaltung zu befragen: dieses Unvermögen ist jedoch an sich bezeichnend. Auf der positiven Seite verzeichnen wir: 1.) Das Einsetzen der Symbolfunktion in ihren verschiedenen Formen: Sprache, symbolisches oder Vorstellungsspiel im Gegensatz zu den bis dahin einzig möglichen Übungsspielen, verschobene Nachahmung und, allem Anschein nach, erste geistige Bilder (verinnerlichte Nachahmung). 2.) Erste Vorstellungen: Schwierigkeit, die im Bereich der praktischen Handlung bereits wirksamen Schemata von Gegenstand, Raum, Zeit und Kausalität auf den fernen Raum und die nicht gegenwärtige Zeit anzuwenden.
2. Vom 4. Lebensjahr bis zum Alter von 5 1/2 Jahren: *Ausbildung von Vorstellungsschemata, sei es auf der Grundlage statischer Gestalten, sei es durch Assimiliation an die Eigentätigkeit.* Die ersten Vorstellungsstrukturen sind auf dieser Ebene, wie die Befragungen zu den manipulierten Gegenständen zeigen, durch die Dualität der Zustände und der Veränderungen gekennzeichnet: erstere werden in Form

[2] Sofern man als Operationen verinnerlichte, reversible und auf Gesamtstrukturen begründete Handlungen bezeichnet, wie „Gruppenbildungen", „Gruppen" oder „Verbände".

von Gestalten erfaßt, (vgl. die Bedeutung der Wahrnehmungsgestalten, der bildhaften Sammlungen usw. auf dieser Ebene der Nicht-Erhaltung der Mengen, Quantitäten usw.), letztere praktischen Handlungen assimiliert.
3. Vom Alter von 5 1/2 bis zum 7. oder 8. Lebensjahr: *artikulierte Abstimmung der Vorstellungsschemata*. Übergangsphase von der Nicht-Erhaltung zur Erhaltung (Invarianz). Anfänge der Herstellung von Beziehungen zwischen Zuständen und Veränderungen dank vorstellungsmäßiger Regulationsmechanismen, mit deren Hilfe die Veränderung als semi-reversibel gedacht werden können (Beispiel: zunehmende Artikulierung der Klassifikationen, der Reihen usw.).

B. Die Teilphase der konkreten Operationen

Diese Teilphase erstreckt sich vom 7. oder 8. bis zum 11. oder 12. Lebensjahr. Sie ist gekennzeichnet durch eine Reihe der Vollendung zustrebender Strukturen, die man dank besserer Kommunikationsmöglichkeiten mit dem Kinde aus der Nähe untersuchen und ihrer Form nach analysieren kann. Logisch gesehen sind sie allesamt auf die von mir genannten „Gruppierungen" zurückzuführen, d. h. es sind weder Gruppen noch „Verbände" (man könnte sie als Teilverbände bezeichnen, insofern es den einen an der unteren Grenze, den anderen an der oberen Grenze ermangelt): hierzu gehören die Klassifikationen, die Reihungen, die Glied-um-Glied-Entsprechungen, die einfachen oder geordneten Entsprechungen, die multiplikativen Operationen (Matrizes) usw. Hinzu kommen die arithmetischen Gruppen der Addition und Multiplikation der ganzen Zahlen und der Bruchzahlen.

III *Die Phase der formalen Operationen*

So kommen wir zur dritten und letzten Periode, der der formalen Operationen. Sie beginnt mit 11 oder 12 Jahren (1. Stadium) und erreicht ihre Gleichgewichtsstufe etwa mit 13 oder 14 Jahren (2. Stadium). Dabei ist sie durch eine

Unmenge äußerst vielfältiger und relativ rasch auftretender Veränderungen gekennzeichnet. Diese Ergebnisse verdanken wir insbesondere den glänzenden Untersuchungen Fräulein Inhelders über das induktive Urteil sowie die experimentelle Methode bei Kindern und Heranwachsenden. Es treten in diesem Alter tatsächlich so unterschiedliche Operationen in Erscheinung wie die folgenden: Da sind zunächst die Kombinationen. Bis dahin gibt es nur einfache Verschachtelungen der Mengen und elementare Operationen, es fehlt hingegen das, was die Mathematiker „Mengen von Teilen" nennen, die jedoch den Ausgangspunkt für diese Kombinatorik bilden. Diese wirkliche Kombination setzt dagegen mit 11–12 Jahren ein und erzeugt die Verbandstruktur. Gleichzeitig beobachten wir die Ausbildung des Proportionsverständnisses und der Fähigkeit, über die Strukturen des mechanischen Gleichgewichts usw. gleichzeitig nach Maßgabe zwei verschiedener Bezugssysteme zu urteilen und sie sich vorzustellen. Betrachten wir z. B. die verschiedenen Bewegungen einer Schnecke auf einem Brett, das sich in entgegengesetzter Richtung zur Schnecke bewegt und die Berechnung der Resultante dieser Bewegungen im Hinblick auf das Verhältnis der Bewegungen zueinander und zu einem äußeren Bezugssystem. Hier werden (ebenso wie im Fall der mechanischen Gleichgewichtszustände usw.) vier koordinierte Operationen wirksam: eine direkte Operation (I) und ihre Umkehrung (N), wie auch die direkte Operation und die Umkehrung des anderen Systems, die den Kehrwert zum ersten darstellen (R) sowie die Negation dieses Kehrwerts odes das Korrelat (NR = C). Diese Gruppe der vier Veränderungen INRC tritt auf verschiedenen Gebieten in Erscheinung, in logisch-mathematischen Problemen wie auch, unabhängig von Schulkenntnissen, in Proportionsproblemen. Insbesondere aber beobachtet man auf dieser letzten Stufe den Aufbau der Prädikatenlogik, d. h., der Fähigkeit, über Aussagen und Hypothesen und nicht mehr ausschließlich über unmittelbar wahrnehmbare oder vorgestellte Gegenstände zu urteilen. Nun setzt die Prädikatenlogik gleichfalls den kombinatorischen Verband sowie die Gruppe der vier Transformationen (INRC) voraus,

d. h. die beiden komplementären Aspekte einer neuen Gesamtstruktur, die die Gesamtheit der auf dieser Stufe erworbenen Handlungsmechanismen umfaßt.
Abschließend läßt sich sagen, daß diese drei großen Phasen mit ihren charakteristischen Stadien aufeinanderfolgende Gleichgewichtsprozesse, Schritte auf das Gleichgewicht zu darstellen. Sobald das Gleichgewicht in einer Hinsicht erreicht ist, wird die Struktur in ein neues im Aufbau begriffenes System eingeordnet, bis ein neues, jeweils festeres und umfassenderes Gleichgewicht sich herausbildet. Es muß daran erinnert werden, daß das Gleichgewicht durch die Reversibilität bestimmt ist. Wenn wir also von einem zunehmenden Gleichgewicht sprechen, so heißt das, daß die geistige Entwicklung durch wachsende Reversibilität gekennzeichnet ist. Die Reversibilität ist das deutlichste Merkmal der der Umwege und Umkehrungen fähigen Intelligenzhandlung. Sie nimmt also im Verlauf der oben zusammenfassend beschriebenen Stadien von Stufe zu Stufe zu. Sie kommt in zweifacher Gestalt zum Ausdruck: durch die Umkehrung (Inversion) oder Negation, die in der Klassenlogik, der Arithmetik usw. wirksam wird, einerseits; durch die Reziprozität, wie wir sie in den Operationen der Beziehungen antreffen, andererseits. Während der gesamten Phase der konkreten Operationen sind die Umkehrung und Reziprozität zwei nebeneinander bestehende Prozesse ohne Verbindung zu einem einheitlichen System. Mit der Gruppe der vier Veränderungen INRC hingegen fügen sich die Umkehrung, die Reziproke, die Negation der Reziproken und die Identität in ein Gesamtsystem dieser beiden bis dahin verbindungslos nebeneinander bestehenden Reversibilitätsformen zusammen.
Auf diesem bevorzugten Gebiet der geistigen Operationen gelangen wir mithin zu einem einfachen und geregelten System von Stadien, doch mag es andere Bereiche der Wahrnehmung geben, für die ich außerstande wäre, derartige Stadien anzugeben.

4. Die kindlichen Praxien

Die Praxien oder Handlungen sind nicht beliebige Bewegungen, sondern Systeme von auf eine Absicht oder ein Ergebnis hin koordinierten Bewegungen. So ist z. B. die Bewegung des Arms als Teil des Hut-Aufsetzens oder -Abnehmens keine Praxie, da letztere die Handlung in ihrer Gesamtheit und nicht eine Teilbewegung dieser Handlung darstellt. Zum anderen sind die Praxien *erworben* im Gegensatz zu den reflexmäßigen Koordinationen, wobei dieser Erwerb auf die Erfahrung des Individuums, die Erziehung im weitesten Sinne (Beispiele, Anweisungen usw.) ebenso wie auf interne Ausgleichsprozesse zurückgehen kann, die den Abschluß einer Regulation oder die Konsolidierung der Koordinationen zum Ausdruck bringen. Dieser Definition entsprechend umfassen die Praxien zwei mögliche Formen von Koordinationen, wobei erstere ständig wirksam ist, während die zweite diese überlagern oder sich aus ihr ableiten kann. Wir wollen die erste Form *interne Koordination* nennen: sie vereinigt mehrere Teilbewegungen in einem Gesamtakt, unabhängig davon, ob diese Teilbewegungen zuvor getrennt bestanden (was die Ausnahme ist), von vornherein koordiniert sind oder aber aus einer progressiven Differenzierung im Verlauf fortschreitender Koordination hervorgehen. Hingegen bezeichnen wir als *externe Koordinationen* solche von zwei oder mehreren Praxien in einer höherrangigen Gesamtpraxie, was nicht ausschließt, daß erstere weiterhin unabhängig voneinander wirksam werden.

Hier stellen sich nun verschiedene psychologische Probleme, die alle direkt oder indirekt auf die klinische Problematik der Apraxien verweisen. Sie lassen sich in drei Hauptpunkten zusammenfassen: 1.) Die die Praxien kennzeichnende Art der Koordination (intern oder extern). Hier werden wir zwischen verschiedenen Erklärungsversuchen wie dem assoziationistischen Konzept, dem der Gestalttheorie und dem der Assimilationstheorie zu wählen haben. 2.) Die Beziehungen zwischen den den Praxien eigentümlichen Koordinationen und der Intelligenz. 3.) Die Beziehungen zwischen diesen Koordinationen und der Symbolfunktion, insbesondere dem geistigen (mentalen) Bild. Die durch (2) aufgeworfenen Fragen unterteilen sich wiederum in zwei Gruppen. Auf der sensomotorischen Ebene der Entwicklung, d. h. vor dem Sprechen stellt sich insbesondere die Frage, ob die praxischen Koordinationen von einer ihnen äußeren praktischen Intelligenz geleitet werden (man müßte dazu untersuchen, worin diese Intelligenz besteht), oder ob im Gegenteil die senso motorische Intelligenz nichts anderes ist, als die Koordination eben dieser Handlungen. In diesem Anfangsstadium der Entwicklung decken sich mithin die Probleme (1) und (2). Nach dem Erwerb der Symbolfunktion stellt sich hingegen die Frage nach den Beziehungen zwischen den Praxien und dem Grundmechanismus der vorstellungsmäßigen Intelligenz, d. h. dem Mechanismus der Operationen, insofern diese in einem bestimmten Sinne als Handlungen aufzufassen sind, allerdings als verinnerlichte, nach genau bestimmten Strukturen sich koordinierende Handlungen (logisch-mathematische, insbesondere geometrische Strukturen usw.). Was die in (3) zusammengefaßten Probleme anbelangt, so sind sie zum Teil von den Problemen (2) unabhängig, wenn man davon ausgeht, daß die Erkenntnis zwei deutlich unterschiedene Aspekte umfaßt: den operativen Aspekt, den wir soeben angesprochen haben, und den figuralen Aspekt (Wahrnehmung, geistige Bilder usw.), der in der Symbolfunktion u. a. bei der Erarbeitung des Bezeichnenden oder Symbolisierenden (z. B. beim Bild) wirksam wird.

Bevor wir uns diesen drei Fragestellungen zuwenden, wollen wir zunächst die verschiedenen sensomotorischen Ebenen, sodann die Beziehungen zwischen Praxien und Operationen der symbolischen Intelligenz und schließlich die Beziehungen zwischen Praxien und geistigen Bildern betrachten.

Zwischen dem nahezu ausschließlich reflexartigen Verhalten des Neugeborenen (das allerdings, wie Minkovski hervorgehoben hat, einer diffusen kortikalen Kontrolle untersteht) und dem Einsetzen des Sprechens oder der Symbolfunktion staffeln sich eine Reihe von Ebenen, deren Abfolge an sich bereits aufschlußreich ist, sowohl hinsichtlich der Natur der den Praxien eigentümlichen Koordinationen als auch in Bezug auf deren Beziehungen zur Intelligenz.

Vom ersten Stadium an beobachtet man für bestimmte komplexe Reflexe wie die des Saugens, eine Art funktioneller Übung und interner Konsolidierung, die der Bildung von „Verhaltensschemata" vorausgehen.

Wir wollen als „Schema" einer Handlung deren allgemeine Struktur bezeichnen, die sich über die Wiederholung dieser Handlung hinaus erhält, sich durch Übung konsolidiert und auf Situationen anwendbar ist, die gemäß der Veränderungen der Umwelt wechseln. So erzeugen die Saugreflexe ein Schema (was nicht für alle Reflexe gilt), das u. a. durch die soeben angeführte funktionelle Konsolidierung zum Ausdruck kommt, ebenso wie durch eine Anzahl von Verallgemeinerungen (im Leeren saugen, an beliebigen Gegenständen lutschen vorausgesetzt, daß sie die Lippen berühren) sowie durch Wiedererkennen (Wiederfinden der Brustwarze im Fall leichter Verschiebungen und ihre Unterscheidung von den umgebenden Geweben usw.).

Bereits im 2. Stadium ermöglichen solche Schemata bestimmte Neuerwerbungen (neu im Verhältnis zur erbbedingten Ausgangsstruktur) dank der Einordnung neuer Elemente in den Ausgangszyklus: nachdem der Säugling aufgrund zufälliger Kontakte an seinem Daumen gelutscht hat, wird er z. B. fähig, ihn zwischen den Lippen zu halten, ihn später systematisch an den Mund zu führen und so zwischen dem Stillen an ihm zu lutschen. Hier handelt es sich bereits um eine Praxie.

Mit dem 3. Stadium, das durch die Koordination von Sehen und Greifen gekennzeichnet ist, die nach Tournay der Myelinisierung der Pyramidalbahn entspricht, darüberhinaus jedoch zweifellos Übung voraussetzt[1], erzeugt die

[1] Bei unseren eigenen drei Kindern ist diese Koordination mit sechs, viereinhalb und drei Monaten und drei Tagen eingetreten, d. h. mit beträchtlichen Unterschieden, jedoch in Übereinstimmung mit der übrigen Tätigkeit.

Möglichkeit, absichtsvoll nach Gegenständen des näheren Blickfeldes zu greifen, die Ausbildung einer Reihe neuer Schemata.[2] Als Beispiel sei das folgende Schema genannt: Das Kind greift nach der vom Wagendach herabhängenden Schnur, wodurch das Dach in Bewegung gerät und mit ihm alle an ihm befestigten Gegenstände (rasselnde Zelluloidpuppen usw.). Nachdem man das Dach von den alten Gegenständen befreit hat, befestigt man eine neue. Das Kind, das diese Veränderung mit den Augen verfolgt hat, zieht sofort an der Schnur und sieht dabei wiederum auf den befestigten Gegenstand. Etwas später bewirkt das Hin-und-Her-Bewegen eines in 1–2 m Entfernung dargebotenen Gegenstandes und selbst die Unterbrechung wiederholter Pfeifentöne Suchverhalten und Schnurziehen.
Im Verlauf des 4. Stadiums beschränkt sich das Kind nicht mehr auf die Wiederholung zufällig entdeckter Handlungsabläufe (Zirkulärreaktionen), sondern benutzt die so entdeckten Schemata, indem es sie miteinander koordiniert, wobei das eine der Handlung ein Ziel setzt und das andere als Mittel zur Erreichung des Ziels dient. Oder aber das Kind wendet auf einen neuen Gegenstand nacheinander (explorationshalber) alle ihm bekannten Schemata an, so als wolle es die praktische Bedeutung des Gegenstandes oder seine Verwendung bestimmen. Es ergreift ihn, um ihn zu betrachten, an ihm zu lutschen usw., schüttelt ihn, reibt ihn gegen die Wiegenwand, schlägt auf ihn mit der einen Hand ein, während die andere ihn hält usf. Kurzum, dieses

[2] Zunächst das Schema des intentionalen Greifens selbst, das sich von dem voraufgehenden reflexartigen Greifen scharf unterscheidet und zwar dadurch, daß das intentionale Greifen die Möglichkeit des „Von-etwas-Ablassens“ beinhaltet, d.h. darauf zu verzichten, nach etwas zu greifen (nicht zu verwechseln mit dem viel späteren Schema des absichtsvollen „Fallen-Lassens“. Der Unterschied zwischen dem reflexartigen Greifen und diesem intentionellen Greifen mit der Möglichkeit, nicht zu ergreifen ist einem Hinweis von J. de Ajuriaguerra zufolge mit dem Gegensatz von irrendem Blick und seinem zufälligen Festsetzen und der aktiven visuellen Exploration (absichtsvolle Fixierung und Bewegung des Blickes) vergleichbar.

Stadium ist gleichzeitig durch wachsende Mobilität der Handlungsschemata wie durch das Einsetzen der externen Koordination zwischen Praxien gekennzeichnet.
Im Verlauf eines 5. Stadiums (mit Beginn des 2. Jahres) gehen die externen Koordinationen mit einer erfahrungsbedingten Differenzierung der Schemata einher: das Kind wird z. B. fähig, einen außer Reichweite befindlichen Gegenstand durch Ziehen an der Unterlage (Teppich usw.) zu erreichen und diese Handlung der jeweiligen Situation anzupassen. Wir haben es hier also gleichzeitig mit der externen Koordination getrennt funktionsfähiger Schemata und der Entdeckung neuer Mittel durch Akkomodation der Schemata an unvorhergesehene Gegebenheiten zu tun.
Im 6. Stadium schließlich, das mit den Anfängen der Symbolfunktion zusammenfällt, setzt die Verinnerlichung der externen Koordination zwischen den Schemata in Form von „insights“ oder Erfindung neuer Mittel ein: um z. B. einen Gegenstand in einer nur einen Spalt geöffneten Streichholzschachtel zu erreichen, stellt eines unserer Kinder zunächst verschiedene Versuche an (Verhaltensweise des 5. Stadiums), um schließlich, nach einer Unterbrechung, während der es die zu kleine Öffnung der Schachtel aufmerksam beobachtet, den Finger in den Spalt zu stecken und so das Problem zu lösen. Diese Anfänge einer Verinnerlichung der Koordinationen gehen manchmal mit symbolischen Gesten einher, die die Ausbildung der einsetzenden Vorstellung fördert: so öffnete und schloß das Kind beim Betrachten des zu öffnenden Spalts wiederholt den Mund, wohl nicht, weil besagter Gegenstand eßbar war (es sah, daß es sich um einen Würfel handelte), sondern um die gesuchte Lösung (die Öffnung vergrößern) zu symbolisieren.
Nachdem wir also gesehen haben, welcher Art die der sensomotorischen Entwicklungsphase eigenen Bildungsstufen der Grundpraxien sind, wollen wir uns nun fragen, worin die sie kennzeichnenden Koordinationen bestehen.
Es sei vorweggenommen, daß sich eine solche Entwicklung nicht auf ein assoziationistisches Modell im Sinne des Lernens oder der Konditionierung verkürzen läßt. Ein Schema ist nämlich mehr als eine bloße „hierarchische

Familie von Gewohnheiten" (im Sinne Hulls), begründet auf kumulativer Assoziation, denn ein Neuerwerb besteht nicht nur in der Assoziation eines neuen Stimulus oder einer neuen Antwort-Bewegung (réponse-mouvement) mit voraufgehenden Stimuli oder Bewegungen a, b, c; jedes neuerworbene Verhalten setzt vielmehr die Assimilation eines Gegenstandes oder einer Situation an ein voraufgehendes Schema voraus, das dadurch erweitert wird. So reicht es z. B. zur Erklärung der Gewohnheit des Daumenlutschens nicht aus, zu sagen, der Säugling habe den Daumen mit einer Saugbewegung „assoziert", denn das wirkliche Problem der Konditionierung ist doch, warum sich die Gewohnheit festigt, wo sie doch, wie jede andere Assoziation, nur vorübergehend ist. In Wirklichkeit löst der Stimulus „Daumen" nur dann die Antwort „lutschen" aus, wenn er im Hinblick auf dieses Antwortschema eine Bedeutung hat. Die Psychoanalytiker würden einfach von einem Brustsymbol sprechen; diese Einfachheit gründet jedoch darauf, daß man dem Individuum etwas verfrüht die Symbolfunktion zuschreibt, die sehr vielschichtig ist.[3] Beschränken wir uns also darauf, zu sagen, daß der Stimulus „Daumen" einem Saugschema assimiliert wird und versuchen wir, diese These genauer zu bestimmen.

Die so verstandene Assimilation entspricht einer sehr allgemeinen Funktion, die in drei unlösbar miteinander verbundenen Formen in Erscheinung tritt: eine funktionelle oder reproduzierende Assimilation, die darin besteht, eine Handlung zu wiederholen und sie dadurch zu konsolidieren; eine wiedererkennende Assimilation, dank derer die an ein gegebenes Schema zu assimilierenden Gegenstände unterschieden werden; sowie eine generalisierende Assimilation, durch die der Wirkungsbereich des Schemas erweitert wird.

[3] Man könnte zwar einfach setzen: Daumen = Lust – Brust. Dies läuft jedoch genau auf das hinaus, was wir die Assimilation des Daumens an das Saugschema nennen, wobei jede Assimilation gleichzeitig einen kognitiven (Verwendung und Begreifen) und einen affektiven Aspekt (Befriedigung) hat. Vgl. zwei Abschnitte weiter unten.

Die Assimilation ist somit nichts anderes als die Verlängerung der biologischen Assimilation im weitesten Sinne in den Bereich des Verhaltens, insofern jede Reaktion des Organismus auf die Umwelt darin besteht, diese den Strukturen der Reaktion zu assimilieren. Mit anderen Worten, ebenso wie ein Kaninchen, das Kohl frißt, sich nicht in Kohl verwandelt, sondern umgekehrt der Kohl sich in Kaninchen verwandelt, geht das Individuum bei jeder Handlung oder Praxie nicht im Gegenstand auf, sondern der Gegenstand wird insofern gebraucht und „begriffen", als er auf die Handlungen des Individuums bezogen ist.

Die Assimilation ist mithin Ursprung der Schemata, von den reflexartigen und erblichen Ausgangsschemata abgesehen, die die ersten Assimilationen leiten: die Assimilation ist der Integrationsprozeß, deren Ergebnis das Schema ist. Es muß hinzugefügt werden, daß in jeder Handlung der Antrieb oder die Energie zweifellos affektiver Art sind (Bedürfnis und Befriedigung), wohingegen die Struktur kognitiver Natur ist (das Schema als sensomotorische Organisation). Einen Gegenstand einem Schema assimilieren bedeutet folglich gleichzeitig, die Befriedigung eines Bedürfnisses anzustreben und der Handlung eine erkenntnismäßige Struktur zu verleihen.

Was wir als interne Koordination bezeichnet haben, ist folglich nichts anderes als das Ergebnis kumulativer Assimilationen. Was die externe Koordination zwischen Schemata anbelangt, so handelt es sich um wechselseitige Assimilationen. Da jeder Gegenstand betrachtet (siehe die okularen Bewegungen sowie reflexartigen Kopfbewegungen) und ergriffen werden kann, impliziert die Koordination des Sehens und Greifens die wechselseitige Assimilation der entsprechenden Schemata, wodurch der Gegenstand *gleichzeitig* betrachtet und ergriffen werden kann.

So gesehen sind die Assimilationsschemata nicht mit den Gestalten zu verwechseln, wiewohl ein Schema in bestimmten Fällen die Merkmale einer Gestalt aufweisen kann. Die Gestalt ist eine Struktur, die Gesetzen des inneren Ausgleichs und Gleichgewichts gehorcht, wobei diese von der Erfahrung unabhängig sind. Ein Schema kann mithin den

Gestaltgesetzen gehorchen (symetrische Bewegung der Arme usw.). Die Struktur eines Schemas ist jedoch ungleich umfassender und gründet gleichzeitig auf dem Handeln des Individuums (das durch die Verwendungsweisen der Handlungen ebenso wie durch die Gesetze der „guten Gestalt" bedingt ist) und auf der erworbenen Erfahrung (Akkomodation an die Gegenstände). Die Gesetze des Ausgleichs und des Gleichgewichts der Schemata sind folglich durch das Handeln des Individuums als solches bedingt (eine äußere Störung beseitigen, um ein Bedürfnis zu befriedigen usw.) und nicht nur durch die sogenannten vorgebildeten geometrischen Gesetze.
Nun läßt sich das Problem der Beziehungen zwischen den sensomotorischen Praxien und der Intelligenz relativ einfach lösen. (Es bedingt weitgehend die Deutung der ideomotorischen Apraxien.) Wenn der Koordinationsmechanismus wirklich assimilatorischer und nicht rein assoziativer Natur ist, wird er unbrauchbar, um die Handlungen oder Praxien einer sogenannten „Intelligenz" unterzuordnen, die ihnen äußerlich wäre und in einer Art schwer zu fassender „Fähigkeit" bestünde, es sei denn, man betrachte sie als vorgegeben. Gewiß gibt es eine sensomotorische Intelligenz. Bereits vom 4. Stadium an führen die Mobilität und die externe Koordination der Schemata zur Unterordnung der Mittel unter die Ziele, der sich der Charakter von Intelligenzhandlungen nicht absprechen läßt (dies gilt umso mehr für die Entdeckung neuer Mittel im 5. Stadium und die „insights" des 6.). Diese Intelligenz ist jedoch nichts anderes als die Koordination der Handlungen selbst, und schon bei den elementarsten Koordinationen erkennt man, daß in der Assimilation das Urteil angelegt ist: der Säugling, der entdeckt, daß ein Gegenstand sich lutschen, hin und her bewegen läßt und daß man an ihm ziehen kann, steht in einer ununterbrochenen Linie von Assimilationen, die bis zu den höheren Verhaltensweisen führt, deren sich der Physiker bedient, wenn er die Wärme mit der Bewegung oder die Waage mit einem System von potentiellen Verrichtungen „assimiliert" (ja, auch er assimiliert!).

So bilden sich bereits in den sensomotorischen Praxien die Teilstrukturen der späteren Erkenntnis heraus. Die Suche nach verschwundenen Gegenständen (die lange Zeit unmöglich ist und erst nach und nach aufgebaut wird), mündet in das Schema der Invarianz der Gegenstände, Ausgangspunkt der späteren Begriffe der Erhaltung. Desgleichen fügen sich die Ortsveränderungen im Raum nach und nach zu einem Schema zusammen, das die Gestalt dessen annimmt, was die Geometer als die „Gruppe der Ortsveränderungen" bezeichnen. Diesem Schema, das bereits im 5. und 6. Stadium annähernd reversibel ist,[4] kommt, sobald seine Rekonstruktion auf der Ebene des Denkens durch Verinnerlichung der Handlungen zu Operationen abgeschlossen ist, im Aufbau des vorstellungsmäßigen Raumes eine hervorragende Rolle zu. Die Ursächlichkeit (Kausalität), die Zeitreihe (Reihenfolge usw.) werden den Praxien nicht durch die Intelligenz von außen her aufgedrängt, sondern entwickeln sich aufgrund ihrer Koordinationen und bilden die Teilstrukturen der späteren Begriffe der Ursache, der Ordnung, der Zeit usw.

Werfen wir nunmehr einen Blick auf die Praxien des Kindes nach Einsetzen der Symbolfunktion, insbesondere auf jene, deren Störungen den sogenannten „konstruktiven Apraxien" entsprechen.
Die Symbolfunktion geht aus einer Differenzierung von Ausdruck (Signifikant) und Inhalt (Signifikat) hervor, die bis dahin undifferenziert waren, wie dies bei den perzeptiven Anhaltspunkten und den Konditionierungssignalen der Fall ist. Sobald die Symbole und Zeichen von dem Bezeichneten (oder der Bedeutung) getrennt werden, können nicht-aktuelle Gegenstände und Situationen evoziert werden, wodurch der Anfang der Vorstellung gesetzt ist. Was die Symbole im eigentlichen Sinne anbelangt, so

[4] Gemeint ist die Reversibilität im mathematischen Sinne des Wortes, nicht im neurologischen. Eine solche Gruppe umfaßt direkte, umgekehrte (Rückwege), identische und assoziative (Umwege) Verbindungen.

werden zwischen 1 und 1 1/2 bis 2 Jahren folgende Signifikanten differenziert: 1. das symbolische Spiel (Vorstellung von Gegenständen und Handlungen durch Gesten usw.), das sich vom rein funktionellen Übungsspiel löst; 2. die verschobene Nachahmung (mit ihren zahlreichen Spielarten, die in die graphische Nachahmung oder Zeichnung münden); 3. das geistige Bild, offenbar ein Ergebnis der verinnerlichten Nachahmungen. Zur selben Zeit, in der sich diese verschiedenen Symbolkategorien herausbilden, kommt es auch zum Erwerb (durch Nachahmung usw.) der sozialen Zeichensysteme, deren wichtigstes die Sprache ist. Die Symbolfunktion ermöglicht oder verstärkt doch zumindest in entscheidendem Maße die Verinnerlichung jener Handlungen, deren Anfänge wir im 6. Stadium angesetzt haben: Neben dem materiellen und aktuellen Vollzug können diese Handlungen nun zunehmend im Geist oder symbolisch ausgeführt werden. Diese Verinnerlichung setzt allerdings eine langwierige und mühsame Rekonstruktion auf der Ebene des Denkens voraus: Eine Sache ist es für das Kind, z. B. seine Bewegungen zu einer „Gruppe" zu koordinieren, um sich in seinem Garten und auf dem Schulweg zurechtzufinden, eine völlig andere aber, sich diese Bewegungen in Gedanken vorstellen zu können und dabei die Gesetze der Gruppe (Rückwege und Umwege usw.) zu beachten und die entsprechenden Wege durch die Zeichnung, die Sprache oder durch Anordnen von Häusern und Wegen auf einer eigens dazu hergerichteten Unterlage nachzuvollziehen: In der Vorstellung wird diese Gruppenstruktur erst mit 7 oder 8 Jahren beherrscht, während sie auf der sensomotorischen Handlungsebene bereits im 5. und 6. Stadium vorhanden ist.
Im Lichte dieser Interpretation umfaßt die Vorstellung oder das vorstellungsmäßige Denken zwei verschiedene Aspekte, die es u. E. scharf zu trennen gilt, will man die Art der psychologischen Störung im Fall einer konstruktiven Apraxie halbwegs exakt bestimmen, nämlich den figurativen und den operativen Aspekt.
Der bildhafte Aspekt des vorstellungsmäßigen Denkens umfaßt alles, was sich auf Zustände als solche im Gegensatz

zu den Veränderungen bezieht. Er wird durch die Wahrnehmung geleitet und durch das geistige Bild gestützt. Er ist im „vorlogischen" Denken des 2 – 7 jährigen Kindes, d. h. vor der Bildung der Operationen vorherrschend (im Sinne von unzulässig stark vorherrschend und gerade zu Lasten der Veränderungen). So stellt sich das 4 – 6 jährige Kind, gießt man eine Flüssigkeit von einem Behälter A in einen engeren und höheren Behälter B um, im allgemeinen noch vor, daß, da der Spiegel ansteigt, auch die Menge der Flüssigkeit zunehme. Es urteilt folglich nur über die Zustände A und B, indem es sie unmittelbar miteinander vergleicht, ohne das Kriterium der Veränderungen zu berücksichtigen (das ihm die Beziehungen geben würde: höher x enger = gleiche Menge). Mit 7 oder 8 Jahren hingegen glaubt es an die Erhaltung der Flüssigkeitsmenge, denn es geht nunmehr bei seinem Urteil von den Veränderungen aus und ordnet ihnen die Zustände unter.

Der operative Aspekt des Denkens bezieht sich auf die Veränderungen und mithin auf all das, was den Gegenstand modifiziert, von den Handlungen bis hin zu den Operationen. Als Operationen bezeichnen wir verinnerlichte Handlungen (oder solche, die verinnerlicht werden können) und reversible Handlungen (d. h. solche, die in zwei Richtungen vollziehbar sind, die sich umkehren lassen, so daß die erste das Ergebnis der zweiten annulliert), die sich zu sogenannten operativen Strukturen zusammenfügen, denen Verbindungsgesetze zugrunde liegen, die die Struktur als Ganzes, als System kennzeichnen. So ist z. B. die Addition eine Operation, weil sie aus Handlungen des Vereinens hervorgeht, eine Umkehrung hat (die Substraktion) und das System der Addition und Substraktion den Gesetzen der Ganzheit[5] gehorcht. Operative Strukturen sind z. B. die Klassifikationen, die Reihenbildung, die Aufstellung von Entsprechungen, Matrizes, die Zahlenreihe, die räumlichen Maßsysteme, die projektiven Veränderungen usw. Eine Vielzahl logischer, mathematischer und physikalischer Operationen bilden sich – zumeist spontan – bereits

[5] Gesetze der „Gruppe" usw.

mit 6–7 Jahren heraus und werden mit 11–12 Jahren durch aussagenlogische oder „formale" Operationen vervollständigt, die die dem Heranwachsenden eigentümlichen hypothetischen Ableitungen möglich machen.

Geht man von dieser Unterscheidung eines figurativen und eines operativen Aspekts im Denken aus, so wird unmittelbar klar, daß die Operationen ihren Ursprung im sensomotorischen Schematismus haben, selbst wenn die Symbolfunktion und die bildhafte Vorstellung zu ihrer Verinnerlichung und ihrem Ausdruck notwendig sind.

Das Hauptproblem der Interpretation der Praxien besteht also darin, zu unterscheiden, was bildhaft und was von den Operationen als solchen bedingt ist, so daß man bestimmen kann, was in einer Praxie von der Intelligenz und was von der Symbolfunktion abhängt.

Insbesondere hinsichtlich des Raumbegriffs und der Störung des Raumverständnisses, denen in der Apraxie eine so entscheidende Rolle zukommt, gilt es zunächst zu erkennen, daß die räumlichen Beziehungen zwischen den äußeren Gegenständen, die nur scheinbar „vorgegeben" sind, in Wirklichkeit keineswegs auf reine Systeme der Wahrnehmung oder der bildhaften Vorstellung beschränkt sind, sondern eine weit komplexere operative Strukturierung erfordern, als es den Anschein hat. Obwohl z. B. die vertikale und horizontale Stellung für das Individuum aus seiner eigenen Lage sowie durch Selbstwahrnehmung erkennbar ist und obgleich die Richtung visuell aus der des Blicks ableitbar ist (Gesetz von Donders), ist das normale Kind erst mit etwa 9 Jahren in der Lage, den Wasserspiegel in einem geneigten Glas als waagerecht vorauszusehen, denn dies setzt ein ganzes System von Bezügen und mit ihm euklidische Messoperationen voraus, wobei die Koordinaten auf der Ebene der Vorstellung erst im Anschluß an den langwierigen Aufbau der metrischen Operationen gebildet werden können. Selbst die Erhaltung von Längen und Abständen nach Veränderung der Lage der Gegenstände wird erst auf Grund reversibler Operationen erlangt und ist keineswegs durch die Wahrnehmung oder bloße geistige Bilder vorgegeben.

Es erweist sich mithin als unerläßlich, die eventuell relevanten Operationen genau zu bestimmen, will man die Störungen einer konstruktiven Praxie in ihren Einzelheiten verstehen. So stellt sich im Hinblick auf die aufschlußreichen, von Hécaen, Ajuriaguerra und Massonnet[6] beigebrachten Zeichnungen, die von Patienten mit rechtsseitigen Gehirnverletzungen angefertigt worden waren, die Frage, inwieweit die in ihnen enthaltenen Fehler mit der Kausalbeziehung, den Zeitreihen, der bildhaften Raumvorstellung, der topologischen Beziehung (die Kette „umgibt" das Zahnrad), dem Fehlen von Koordinaten usw. in Verbindung stehen. Wenn es heißt, „die Nachbildung der komplexen Figur von Rey sei mangelhaft", so müssen wir uns fragen, ob dies durch die Wahrnehmung, die Linienführung (Graphismus) an sich oder durch die vielfältigen räumlichen Operationen bedingt ist, die implizit die erfolgreiche Bewältigung dieses ausgezeichneten globalen Tests bestimmen, der allerdings nicht erlaubt, den operativen vom figurativen Aspekt der betreffenden Vorgänge zu scheiden.
Um die möglichen Beziehungen zwischen den Operationen und den Praxien näher zu bestimmen, sei an dieser Stelle hinzugefügt, daß die Operationen im Laufe der Entwicklung des Denkens drei aufeinanderfolgende Stadien durchlaufen. In einem ersten Stadium, zwischen 2 und 7–8 Jahren, handelt es sich um ein vorlogisches Denken, insofern sich die Operationen nach und nach herausbilden, ohne jedoch die logische Reversibilität und die erforderliche Gesamtstruktur zu erlangen; sie bleiben vom figurativen Aspekt der Vorstellung beherrscht.
Im Verlauf eines 2. Stadiums (vom 7. oder 8. bis zum 11. oder 12. Lebensjahr) gelangen bestimmte Operationen zum Abschluß und werden zu logisch reversiblen Strukturen ausgestaltet. Sie bleiben allerdings - und dies ist für das Problem der Praxien von entscheidender Bedeutung –

[6] Vgl. Ajuriaguerra, Hécaen, *Le cortex cérébral*, 1960, 2. Aufl., S. 270.

„konkret“, insofern sie auf den Bereich des materiellen Umgangs mit den Gegenständen beschränkt bleiben und noch kein rein verbales Handeln auf der hypothetisch-deduktiven Ebene beinhalten. Was z. B. die Reihenbildung anbelangt, so ist ein 7–8 jähriges Kind in der Lage, zehn zwischen 10 und 16,5 cm lange Stäbchen ihrer Größe nach zu ordnen und zwar systematisch, d. h. ohne Probehandeln (zunächst das kleinste, dann das kleinste der übrigen usw.): dies ist ein gutes Beispiel einer operativen Praxie. Desgleichen wird das Kind mit 9–10 Jahren imstande sein, 4 oder 5 verschiedene Gewichte (gleichen Volumens) zu ordnen, was ebenfalls einer operativen Praxie entspricht. Doch versetzen ihn diese konkreten Operationen allein noch nicht in die Lage, den Burt-Test zu lösen, wiewohl er auf denselben Operationen der Reihenbildung beruht, allerdings auf hypothetisch-deduktiver Ebene. Er lautet: Edith hat hellere Haare als Susanne und dunklere als Lili: Welche der drei hat die dunkelsten Haare? Mit 11–12 Jahren schließlich bilden sich die aussagenlogischen oder hypothetisch-deduktiven Operationen heraus, die außerhalb jeden materiellen Einwirkens auf die Gegenstände wirksam sind und mithin die Praxien nicht mehr betreffen.

Es ist darüber hinaus zu beachten, daß es neben den Intelligenzakten, die sich der konkreten Operationen bedienen, um ein Wahrheitsproblem zu lösen (die Antwort lautet „wahr“ oder „falsch“), eine beträchtliche Anzahl von Intelligenzhandlungen gibt, die auf die Lösung rein praktischer Probleme angelegt sind (deren Lösung mithin durch „Erfolg“ oder „Scheitern“ zum Ausdruck kommt). Dies gilt insbesondere für jene Verhaltensweisen, die A. Rey[7] und E. Bussmann[8] behandelt haben: Z. B. einen Gegenstand mit Hilfe verschiedener Stäbe (als Mittel) aus einem Behälter holen (eine der ersten Untersuchungen dieser Art wurde vor Jahren von den deutschen Psychologen Lipmann und Bogen in *Naive Physik*[9] vorgenommen). Es handelt sich hier um

7 A. Rey, *L'Intelligence pratique chez l'enfant*, Paris 1935

8 E. Bussmann, *Le Transfert dans l'intelligence pratique chez l'enfant*, Paris 1946.

9 O. Lipmann, H. Bogen: *Naive Physik*, 1923.

„Praxien“ im engsten Sinne des Wortes, da das Ziel dieser Handlungen vorrangig praktischer Art (ein materielles Ergebnis erzielen) und nicht mehr, wie im Fall der Reihenbildung, der Klassifikation oder der Aufstellung von Entsprechungen, erkenntnismäßiger Natur ist. Die Bedeutung der Untersuchungen von Rey, Bussmann u. a. liegt aber darin, die enge Beziehung zwischen dem Scheitern oder dem erfolgreichen Vorgehen des Kindes und den eigentlichen Denkvorgängen auf dem betreffenden Entwicklungsniveau gezeigt zu haben. Eines der von Rey verfolgten Ziele war es, nachzuprüfen, ob man auf der Ebene der praktischen Intelligenz eine ähnliche „prälogische“ Struktur vorfindet, wie wir sie für die verbale Ebene des kindlichen Verhaltens ermittelt hatten. In unserem Vorwort zur ersten Arbeit von Rey haben wir die zwischen diesen beiden Verhaltensbereichen bestehende Übereinstimmung aufzeigen können. Sie ließe sich heute weiter erhärten, nachdem wir uns nicht mehr auf die verbale Untersuchungsmethode beschränken und die späte Bildung der „konkreten“ Operationen, d. h. der Logik der Manipulation von Gegenständen nachweisen konnten. Unserem Schüler E. Bussmann gelang es seinerseits, in Situationen praktischen Intelligenzverhaltens die Übergänge zwischen der sensomotorischen Assimilation und der logischen Generalisierung im eigentlichen Sinne herauszuarbeiten. Im Hinblick auf die Deutung der verschiedenen Apraxien scheint uns diese Kontinuität zwischen der praktischen Intelligenz und der erkennenden Intelligenz im eigentlichen Sinne (d. h. dem System der logisch-mathematischen oder logisch-physikalischen Operationen) aufschlußreich, weil sie auf die Verwandtschaft der Praxien und der Gnosien, anders ausgedrückt, auf die grundlegende Einheit der Handlung und der operativen Intelligenz verweist.

Bleibt der figurative Aspekt der Erkenntnis und des Handelns zu klären, insbesondere die Probleme des Bildes und der symbolischen Gestik.

Den herkömmlichen Theorien der Apraxie zufolge stützen die Handlungen sich auf Bilder. A.A. Grünbaum hingegen will die Bilder aus den Handlungen abgeleitet wissen. In psychologischer Sicht hat Grünbaum zweifellos recht. In der Tat konnten Psychologen wie Lotze, Dilthey u. a. seit langem nachweisen, daß das Bild nicht eine bloße Verlängerung der Wahrnehmung ist, sondern daß es einen motorischen Faktor beinhaltet (siehe die Arbeiten von Morel und Schifferli, Rey u. a.). In elektroenzephalographischen Untersuchungen hat Gastaut die gleichen β-Wellen während der vorstellungsmäßigen Beugung der Hand wie während ihrer tatsächlichen Beugung festgestellt. Adrian konnte ähnliche Beobachtungen machen. Desgleichen registrierten Jacobson, Allers und Schminsky am Elektromyogramm bei der Vorstellung einer Armbewegung eine leichte periphere Tätigkeit, die der beim Ausführen der Handlung selbst eintretenden Muskelbewegung vergleichbar ist. Kurzum, das geistige Bild und der figurative Aspekt des Denkens leiten sich ebenso aus dem sensomotorischen Handeln her wie der operative Aspekt der Denkvorgänge und die Operationen selbst. Wie läßt sich dieser gemeinsame Ursprung erklären, ohne die Unterscheidung des figurativen und des operativen Aspekts jeder Erkenntnis aufzugeben?

Wie wir weiter vorne gesehen haben, liegt der wesentliche Mechanismus der sensomotorischen Intelligenz in der schematisierenden Assimilation begründet. Sie ist es, die die späteren Operationen des vorstellungsmäßigen Denkens erzeugt.

Ein Assimilationsschema ist nun aber beständig dem Druck der Umstände ausgesetzt und kann sich je nach den Gegenständen, auf die es angewandt wird, differenzieren. Wir wollen als Akkomodation[10] die Differenzierung der Schemata durch Einwirken der Gegenstände bezeichnen und sie der Assimilation der Gegenstände an die Schemata gegenüberstellen. Ergebnis einer Intelligenzhandlung ist nun die Herstellung eines Gleichgewichts zwischen Assimilation und Akkomodation. Es kann jedoch auch zum Primat der Akkomodation kommen, wobei die Handlung dem Gegen-

[10] In Anlehnung an das, was die Biologen die „Akkomodate" nennen, d. h. die phänotypischen Varianten im Gegensatz zu den genotypischen Merkmalen

stand nachgebildet wird, etwa weil dieser an sich interessanter ist als seine assimilatorische Verwendung. Dieses rein akkomodierende Verhalten entspricht dem, was wir gemeinhin als „Nachahmung" bezeichnen. Ihre Fortschritte lassen sich in der sensomotorischen Entwicklungsphase Stufe um Stufe verfolgen und stehen in engem Zusammenhang mit den Fortschritten der Intelligenz selbst (oder dem Gleichgewicht zwischen Assimilation und Akkomodation).

Unserer Hypothese zufolge leiten sich die figurativen Aspekte des Denkens nun aus der Nachahmung her, wie auch die Nachahmung den Übergang von der sensomotorischen Ebene zum vorstellungsmäßigen Denken gewährleistet, indem sie den ihr notwendigen Symbolismus vorbereitet. Zum einen stellt die Nachahmung in der sensomotorischen Phase die einzige Art der Vorstellung durch die Geste dar (nicht zu verwechseln mit dem später daraus abgeleiteten vorstellungsmäßigen Denken). Zum anderen ist das Einsetzen der Symbolfunktion, d. h. die Differenzierung von Bezeichnendem und Bezeichnetem, eben durch die Fortschritte der Nachahmung bedingt, die zunächst in ihrer „verschobenen" [11] Ausprägung wirksam wird (wobei die zeitverschobene Nachahmung allerdings bereits eine echte „Vorstellung" ist), die die gesamte gestische Symbolik der etwa mit 1 1/2 Jahren einsetzenden symbolischen Spiele bereitstellt und Ausgangspunkt des geistigen Bildes als verinnerlichter Nachahmung ist.

Wir haben bereits 1935 [12] auf diese Übergangsfunktion der Nachahmung zwischen der Sensomotorik und der Vorstellung hingewiesen, und H. Wallon hat diesen Gedanken in *De l'acte à la pensée* in glänzender Weise aufgegriffen und die Bedeutung des posturalen Systems und der Haltungen in

[11] D. h. sie ist von Anfang an in Abwesenheit des Modells wirksam (im Gegensatz zu jenen Nachahmungen, die zunächst in Gegenwart des Modells vollzogen werden und erst später in seiner Abwesenheit stattfinden).

[12] Jean Piaget, *La naissance de l'intelligence chez l'enfant*, Neuchâtel 1959; dt. *Das Erwachen der Intelligenz beim Kinde*, Stuttgart 1969.

der Genesis der Vorstellung unterstrichen. Wir stimmen in diesem Punkt mit H. Wallon überein, glauben aber, daß diese Ableitung nur für den figurativen Aspekt des Denkens gilt, wohingegen der operative Aspekt (der das Hauptmerkmal der Intelligenzhandlungen im Gegensatz zu ihrem symbolischen Ausdruck ist) eine direkte Verlängerung der Motorik darstellt.
Was nun das Bild angeht, so schlagen wir vor, es als verinnerlichte Nachahmung zu definieren.[13] In der Tat zeigen alle Untersuchungen, die wir bisher zur Entwicklung der geistigen Bilder beim Kinde vorgenommen haben, bzw. zur Zeit durchführen, wie statisch und kurzlebig die Bilder vor dem endgültigen Erwerb der Operationen sind und vor allem, wie stark sie letzteren untergeordnet sind, anstatt sie vorzubereiten und zu lenken. So hat das Kind auf der präoperativen Ebene z. B. erstaunliche Schwierigkeiten, sich die verschiedenen Phasen der Verwandlung eines Bogens (aus Draht) in eine gerade Stange, die Drehung einer Stange um eine Achse, das allmähliche gegenseitige Überragen zweier aufeinander gelegter und sodann gegenseitig verschobener Stäbe, die verschiedenen Phasen der Veränderung eines Würfels, den man auf einem anderen gleiten läßt usw. vorzustellen, bevor die räumlichen Operationen und die

[13] Der erste Grund dafür ist entwicklungspsychologischer Art: Die Verhaltensweisen der ersten 18 Monate scheinen dafür zu sprechen, daß vor dem Auftreten dessen, was man das gespielte Bild nennen könnte (vgl. das Kind, das den Mund öffnet und schließt, bevor es ihm gelingt, eine einen Spalt weit geöffnete Schachtel ganz zu öffnen) und vor dem Auftreten des verinnerlichten Bildes Bilder vollkommen fehlen. Weitere Gründe für unsere Definition: ein Lautbild (den Laut eines Wortes, einer Melodie usw. erinnern) geht mit einer andeutungsweisen Lauterzeugung einher, ebenso wie die Vorstellung einer Geste mit ihrem skizzenhaften Vollzug. Das visuelle Bild verlängert nicht die empfangene Wahrnehmung, sondern die sensomotorische Explorationstätigkeit, mit der der Umriß des Gegenstandes nachgeahmt wird. Vgl. die Versuche von F. Morel und Schifferli zu den mit dem Bild verbundenen Augenbewegungen; sie sind jenen vergleichbar, die die Wahrnehmungstätigkeit während der Darbietung des Gegenstandes selbst kennzeichnen.

Erhaltung der Größen im Verlauf der Ortsveränderungen abgeschlossen sind.
Dieser Dualismus von Bild und Operation scheint uns für das Studium der Apraxie ausgesprochen bedeutungsvoll. Einer der traditionellen Apraxie-Tests, der darin besteht, eine transitive Handlung in Abwesenheit des Gegenstands zu simulieren, baut auf der nachahmenden Vorstellung der Handlung auf und nicht auf ihrer effektiven Ausführung in der praktischen Handlungssituation. Zwar kann die bildhafte Vorstellung der Handlung eine Rolle bei der Vervollkommnung ihres Vollzugs spielen, allerdings erst von einem bestimmten Entwicklungsniveau an und vorausgesetzt, daß die Handlungen hinreichend komplex sind und für den Erfolg ihre Vorwegnahme erforderlich ist. Demgegenüber läßt sich leicht eine Reihe von Beispielen für Handlungen anführen, die das Kind korrekt ausführt, obwohl es nur eine mangelhafte Vorstellung von ihnen hat. Ein eindrucksvolles Beispiel einer bildhaften Vorstellung, mit der Handlungen exakt vorweggenommen, ja sogar ersetzt werden können, ist das Raumgefühl der Geometer, die sich mit erstaunlicher Beweglichkeit alle möglichen Veränderungen einer Figur vorzustellen vermögen, während die Nicht-Geometer, wie sie Plato in seinem *Staat* geißelte, nur einige wenige dieser Veränderungen „sehen". Diese geometrische Intuition, die von der Stufe der konkreten Operationen an jedem Individuum mehr oder weniger ausgeprägt zueigen ist, ist hingegen vor Erreichung dieser Entwicklungsstufe, wie wir soeben sahen, ausgesprochen statisch und unvollkommen. So gibt es z. B. für das 5jährige Kind nichts Einfacheres, als eine feststehende Stange in vertikaler Position um 90°, d.h. bis in die horizontale Lage zu schwenken; die entsprechende Zeichnung wird indes nur die zwei extremen Positionen berücksichtigen; das Kind ist unfähig, sich die dazwischenliegenden Schrägstellungen vorzustellen. Desgleichen wird ein 4–5jähriges Kind, das tagein tagaus allein zu Schule geht, systematische Schwierigkeiten haben, den Schulweg – selbst in groben Zügen – en miniature darzustellen. Es wird sich stattdessen auf motorische Erinnerungen beschränken („ich gehe so, dann biege ich ab usw.") und dabei mit

Hilfe von Gesten geradlinige Bewegungen, scharfes Abbiegen usw. andeuten, ohne jedoch auf bestimmte Anhaltspunkte zurückzugreifen oder den Weg als solchen zu erinnern.

Die Raumbilder sind mithin durch die Handlungen und Operationen bedingt und nicht umgekehrt, und die geometrische Intuition des Mathematikers ist nichts anderes als die geistige Nachahmung von Operationen, die er nach einer ausgeklügelten Logik zu vollziehen vermag. Zwar setzen bestimmte Handlungen auf nahezu allen Ebenen eine bildhafte Vorwegnahme voraus, wie z. B. die Zeichnung (die durch das „geistige Modell" [modèle interne] von Luquet geleitet wird). Es handelt sich hierbei allerdings um figurative Handlungen, wenn man so sagen kann, (die Zeichnung ist eine graphische Nachahmung und fällt als solche in die allgemeine Kategorie der Nachahmung), wohingegen uns diese Regel nicht für die operativen Handlungen zu gelten scheint (diese zielen auf Veränderung und nicht auf Reproduktion des Gegenstandes).

Was das Körperschema anbelangt, so haben wir leider keine Untersuchungen zu diesem Problemkreis durchgeführt und sind mithin nicht in der Lage, die Bedeutung des Bildes für die auf den eigenen Körper bezogenen Handlungen zu beurteilen. Wie groß diese Bedeutung auch immer sei, wir müssen uns fragen, inwieweit die Bildung dieses Schemas nicht mit der Nachahmung selbst in Zusammenhang steht, die wir hingegen für die ersten 18 Lebensmonate untersucht haben [14] (in der Folge der großartigen Arbeiten von P. Guillaume über den „gelernten" und nicht angeborenen Charakter dieser Nachahmung). So kennt das Kind z. B. lange Zeit über sein Gesicht nur durch Berührung, ohne es mit dem visuell wahrgenommenen Gesicht des Anderen in Verbindung zu setzen: z. B.: hat das Gähnen bis Ende des ersten Lebensjahres nichts Ansteckendes (vorausgesetzt, der Versuchsleiter gähnt geräuschlos!). Die Fehler sind hier

[14] J. Piaget, *La formation du symbole chez l'enfant*, Neuchâtel 1959; dt. *Nachahmung, Spiel und Traum. Die Entwicklung der Symbolfunktion beim Kinde*, Stuttgart 1969.

noch aufschlußreicher als das vollständige Scheitern: öffnet und schließt das Gegenüber die Augen, so wird das Kind z. B. durch Öffnung und Schließen der Augen antworten. Würde sich nun das Körperschema auch nur teilweise entsprechend der Nachahmung bilden, so würde das Verhältnis von Bild (oder verinnerlichter Nachahmung) und Handlung hier ein sehr spezifisches Problem aufwerfen und damit die Bildung des Körperschemas auf halbem Wege zwischen den operativen Situationen (wie der räumlichen Vorstellung von den Gegenständen) und den figurativen Situationen (wie der Zeichnung) ansiedeln.
Offen gesagt ist zur Zeit nichts ungesicherter als der Begriff des Körperschemas und dies trotz der großartigen Arbeiten von Head, Bartlett, Pick, Schilder, Conrad und vielen anderen. Hecaen und de Ajuriaguerra geben am Schluß ihrer ausgezeichneten Arbeit über *Méconnaissances et hallucinations corporelles* (1952) eine gute Übersicht über den derzeitigen Stand der Diskussion, aus der allerdings besonders deutlich hervorgeht, daß eine einigermaßen systematische entwicklungspsychologische Untersuchung, trotz der Arbeiten von Wallon, Zazzo, Lezine u. a., immer noch fehlt. Beim derzeitigen Stand der Dinge läßt sich folglich in Anlehnung an Schilder nur soviel sagen: zwar beinhaltet die Erkenntnis des eigenen Körpers eine Reihe wahrnehmungsbedingter Komponenten, insbesondere propriozeptiver Art, doch setzt sie vor allem einen räumlichen Rahmen voraus, der unsere Wahrnehmungen, Körperhaltungen und Gesten zu einem funktionellen Ganzen ordnet. Dabei ist es ausgesprochen wahrscheinlich, daß in diesen Rahmen nicht nur die Stimuli des eigenen Körpers gehören, sondern gleichermaßen der nahezu immer unerläßliche Bezug, den visuelle, auditive und zum Teil taktilo-kinästhetische Wahrnehmung (wie im Verlauf des Erlernens der Nachahmung) des Körpers des Anderen sowie der Gemeinsamkeiten zwischen den menschlichen (und vielleicht sogar tierischen) Körpern liefert. Deshalb sind wir angesichts der Bruchstückhaftigkeit des derzeitigen Erkenntnisstandes geneigt anzunehmen, daß die Erkenntnis des eigenen Körpers (Somatognosie) sich zwischen den grundlegenden sensomo-

torischen Schemata (Erkennen der Hände usw., jedoch nicht des gesamten Körpers) und den eigentlich figurativen symbolischen Verhaltensweisen (Bilder usw.) ansiedeln läßt und daß sie nur die Nachahmung an sich (als figuratives, noch nicht aber als vorstellungsmäßiges oder symbolisches Instrument) voraussetzt, deren Rolle gerade darin besteht, die Beziehung zwischen dem eigenen Körper und dem des Anderen zu sichern.

Es bliebe übrigens genauer zu bestimmen, bis wohin der Begriff der Körpererkenntnis sinnvollerweise ausgedehnt werden sollte. Schließt man etwa die Beziehungen von Links und Rechts sowie ihre Anwendung auf den eigenen Körper und auf den des Anderen ein (vgl. die Testaufgaben von Head sowie die Ergebnisse aus unseren eigenen früheren Untersuchungen über die Schwierigkeit, vor dem Alter von etwa 7 Jahren die linke und die rechte Hand des vor dem Kind sitzenden Versuchsleiters zu bezeichnen), so darf nicht übersehen werden, daß selbst diese Art von Beziehungen, selbst wenn sie eine operative und logische Komponente haben, in den Rahmen der Reziprozität gehören, deren Ausgangspunkt wiederum die Nachahmung (in einer Richtung oder wechselseitig) ist.

Zum Schluß wollen wir die Berührungspunkte unserer Betrachtung der Praxien mit der Analyse der Apraxien herauszuarbeiten versuchen. Ajuriaguerra und Hecaen schlagen eine neue Unterteilung der Apraxien auf der Grundlage der folgenden drei Kategorien vor:

1. *Sensokinetische Apraxien (apraxies sensori-kinétiques).* Sie sind gekennzeichnet durch die Störung der sensomotorischen Synthese bei Desautomatisierung der Gestik, jedoch ohne Beeinträchtigung des Handlungsentwurfs.

2. *Somatisch-räumliche Apraktognosien (apractognosies somato-spatiales).* Sie äußern sich durch die gestörte räumliche Beziehung zwischen eigenem Körper und äußeren Gegenständen, ohne sensomotorische Störungen im eigentlichen Sinne. Es handelt sich hier also um Störungen des Körperbildes, die ein gestisches Fehlverhalten zur Folge haben, wie Störung der Rechts-Links-Beziehung, bestimmte Apraxien des Ankleidens usf. Häufig kommen perzeptiv-

motorische und visuelle Störungen hinzu, wobei es sich jedoch nicht zwangsläufig um primäre Wahrnehmungsstörungen handelt.

3. *Apraxien des symbolischen Ausdrucks bei gestörter symbolischer und begrifflicher Funktion.* Sie reichen von der Verwendungsagnosie bis hin zu häufigen Störungen der verbalen Formulierung.

Vergleich man dieses Bild mit den Erscheinungsformen der normalen Praxien, so fallen unmittelbar bestimmte Übereinstimmungen ins Auge. Gleichzeitig bleibt jedoch eine – sogar recht entscheidende – Frage offen.

Übereinstimmung insofern, als diese drei Kategorien von Apraxien offensichtlich drei entwicklungspsychologischen Stufen entsprechen: die sensokinetischen Apraxien der sensomotorischen Stufe; die somatisch-räumlichen Apraxien einer Zwischenstufe zwischen den ursprünglichen sensomotorischen Verhaltensweisen und jenen, die durch die Symbolfunktion möglich werden, eben jener Übergangsstufe, deren Ausgangspunkt wir soeben im Nachahmungsverhalten anzusetzen versuchten; die Apraxien des symbolischen Ausdrucks schließlich entsprechen der durch die Vorstellungen gekennzeichneten Stufe mit ihrer zweifachen anschaulichen und operativen Komponente.

Eine Frage bleibt jedoch offen, die nach dem Doppelaspekt des vorstellungsmäßigen Denkens: gehen die Apraxien des symbolischen Ausdrucks auf die Störung der Operationen als solche zurück oder nur auf die der gestischen, bildhaften oder selbst verbalen Symbolik, kraft derer sie vorstellbar werden? Uns mißfällt der Ausdruck „kategoriell", den Gelb, Goldstein, Wallon u. a. verwenden, um die den verbalen Rahmen entsprechenden begrifflichen oder konzeptuellen Rahmen zu bezeichnen. Denn in dieser Ausdrucksweise erscheint die „symbolische und kategorielle Tätigkeit", wie allzu leicht formuliert wird, als ein und dieselbe „Tätigkeit", deren einziges aktives Merkmal wäre, die Abstraktion zu ermöglichen! Gewiß wäre dies vorstellbar, uns geht es jedoch darum, diese Einheit in Frage zu stellen. Denken beschränkt sich u. E. keineswegs auf das Sprechen, Klassifizieren oder Abstrahieren. Denken heißt, auf den Gegenstand einwirken und ihn verändern. Bei einer Autopanne die Situation zu erfassen, heißt nicht, daß man die Fehlzündungen des Motors beschreiben, sondern daß man ihn auseinandernehmen und wieder zusammenbauen kann. Desgleichen setzt angesichts eines physikalischen Problems Begreifen erst dann ein, wenn die Gegebenheiten verändert werden, um die verschiedenen Faktoren zu trennen und sie gesondert zu modifizieren. Damit allerdings teilt man nicht bloß in Kategorien ein, sondern man handelt, um zu produzieren und zu reproduzieren.[15] Selbst in der reinen Geometrie besteht Wissen nicht darin, die Figuren zu beschreiben, sondern darin, sie zu verändern, bis sie auf „grundlegende Gruppen" von Veränderungen zurückgeführt werden können. Mit einem Wort: „Im Anfang war die Tat", wie es bei Goethe heißt, ihr folgt die Operation! So bleibt, wie uns scheint, zu erhellen, inwieweit die konstruktiven und die ideatorischen Apraxien sowie die „Apraxien des symbolischen Ausdrucks" auf das Zeichen, d. h. die Vorstellung der Geste, die Zeichnung, das Bild, ja selbst die Sprache beschränkt sind und inwieweit sie sich etwa auf das Bezeichnete selbst erstrecken, d. h. auf die Handlungen und Operationen.

[15] Um die „Produktionsweise der Phänomene" zu erreichen, wenn auch Auguste Comte diesen Ausdruck verworfen hat.

5. Wahrnehmung, Lernen und Empirismus

Das Genfer *Centre d'épistémologie génétique* hat sich zum Ziel gesetzt, mit Hilfe entwicklungspsychologischer Methoden (und eher theoretischer als experimenteller Methoden, die die psychologische Forschung allerdings unmittelbar ergänzen[1], eine Reihe von empirisch nachprüfbaren epistemologischen Hypothesen zu überprüfen. Dazu galt es u. a., die Gültigkeit der Interpretationen des Empirismus in den beiden von ihm bevorzugten und traditionell zu seiner Rechtfertigung angeführten Bereichen zu prüfen: nämlich im Bereich der Wahrnehmung, der man die „unmittelbare" Vermittlung der äußeren Wirklichkeit zuspricht und in dem des Lernens, das als Vorgang der allein erfahrungsbedingten Wissensaneignung verstanden wird. Im folgenden möchte ich kurz unsere Ergebnisse zu diesen beiden Problemkreisen zusammenfassen.

In den vergangenen zwei Jahren haben wir uns mit folgendem allgemeinen Problem befaßt: In der Sicht des Empirismus, insbesondere in seiner erneuerten zeitgenössischen Form des „logischen Empirismus" gibt es zwei Formen der Erkenntnis: a) das empirische Wissen, gegründet auf die Erfahrung (Wahrnehmung und Lernen) und unabhängig von jedweder Logik und voraufgehenden logisch-mathematischen Koordinationen; b) das logisch-mathematische Wissen, hervorgehend aus nachträglichen Koordinationen und gebunden an den Sprachgebrauch. Demgegenüber beruhen unsere Hypothesen auf der Annahme, a) daß die Erkenntnis in allen Bereichen (Wahrnehmung und Lernen inbegriffen) den tätigen Eingriff des Individuums voraussetzt und die Formen dieses Tuns in verschiedenen Graden die logischen Strukturen vorbereiten und daß b) die logischen Strukturen mithin bereits in der

[1] Z. B. der Informationstheorie und der Graphentheorie, wie wir sie jeweils in Band III und VI unserer *Etudes d'épistémologie génétique*, Paris, angewandt haben.

Koordination der Handlungen selbst angelegt sind, d. h. vom Beginn des Gebrauchs der elementarsten Erkenntnisinstrumente an vorgezeichnet sind.
Eine erste Möglichkeit, dieses Problem im Bereich der Wahrnehmung anzugehen, besteht darin, zu untersuchen, ob es reine Feststellungen in Form einer einfachen Aufzeichnung der wahrnehmbaren Gegebenenheiten gibt oder ob die Feststellung von der elementarsten Wahrnehmung an die Form einer Mischung von Aufzeichnung und Ableitung annimmt.
Das Problem ist keinesweg neu, da bereits in den Anfängen der experimentellen Psychologie Helmholtz die Wahrnehmung mit dem Zusammenspiel einer Art von Ableitungen in Zusammenhang brachte, eine Auffassung, der Hering im Namen eines sogenannten anspruchsvolleren Physiologismus widersprach. Heute läßt sich nun eine Rückkehr zu Helmholtz erkennen, insbesondere in der amerikanischen Psychologie des „new look" von Krech, Portman, Bruner[2] u. a. und der „transaction theory" von Ittelson, Kantril u. a. Besonders beachtenswert ist die Art und Weise, in der W. P. Tanner und Mitarbeiter von der Universität Michigan mit Hilfe der statistischen Entscheidungstheorie die Theorie der Wahrnehmungsschwellen erneuern konnten: ihnen zufolge wird die sensorische Gegebenheit nie im Reinzustand aufgezeichnet, sondern in Verbindung mit auf den physischen und physiologischen Kontext zurückgehenden „Geräuschen", so daß, um sie auf der Ebene der Schwelle wahrnehmen zu können, der Stimulus vom „Geräusch" getrennt werden muß, d. h. das Individuum muß sich „entscheiden", mit allen an eine solche Entscheidung gebundenen Risiken des Informationsgewinns oder -verlusts, und ist so zu einer induktiven Vorwegableitung gezwungen.
Wir haben nun versucht, die Bedeutung der perzeptiven Vorwegableitungen im entwicklungspsychologischen Be-

[2] Vgl. J. Bruner, „Les processus de préparation à la perception", in: *Logique et perception, Band VI der Études d'épistémologie génétique*, Paris 1958.

reich zu erhellen.[3] Man zeigt z. B. einem Kind für kurze Zeit zwei parallele Reihen von jeweils vier Spielmarken, wobei die erste Reihe größere Abstände aufweist als die zweite. Das Kind wird den Eindruck haben, die längere Reihe habe auch mehr Spielmarken. Man führt ihm sodann dieselben Reihen vor, jedoch so, daß die Einheiten der einen mit denen der anderen Reihe durch Striche verbunden sind, wodurch eine materielle Verbindung entweder biunivoker Art (I) oder nicht (II) eingeführt wird (In diesem zweiten Fall wird die erste Einheit der ersten Reihe mittels zwei Strichen mit zwei verschiedenen Einheiten der zweiten Reihe verbunden, die zweite und dritte Einheit der ersten Reihe mittels einem einzigen Strich mit den Einheiten 3 und 4 der zweiten Reihe; Einheit 4 der ersten Reihe bleibt unverbunden.)
Die jüngsten Versuchspersonen, die noch nicht über das Schema der einfachen (biunivoken) Entsprechung verfügen, nehmen sowohl in Figur I (mit Verbindungsstrichen) wie auch in der Figur ohne Verbindungsstriche eine ungleiche Anzahl von Spielmarken wahr. Auf einer zweiten Entwicklungsstufe erkennt das Kind die Übereinstimmung in I (allerdings unter der Voraussetzung, daß sie durch Striche gekennzeichnet ist); desgleichen erkennt es sie in II, wobei es sich allerdings auf eine globale und nicht mehr biunivoke Gegenüberstellung beschränkt. Auf einer vierten Stufe nimmt es die Übereinstimmung in II unverändert wahr, trennt nun jedoch die Wahrnehmung der Spielmarken von der der Verbindungsstriche. Der Versuch zeigt mithin, daß identische materielle Gegebenheiten (die Figuren I und II) je nach den dem Individuum zur Verfügung stehenden Schemata unterschiedlich wahrgenommen werden. Die Anwendung dieser Schemata auf den jeweils aktuellen Sachverhalt setzt folglich nicht in der unmittelbaren Wahrnehmung gegebene und somit induzierte (besser gesagt: unbewußt vorinduzierte) Faktoren voraus, wobei diese Vorinduktionen notwendig sind, um der aktuellen Wirklichkeit diese oder jene Bedeutung zu verleihen.

[3] Vgl. zu dieser Untersuchung sowie anderen ähnlichen J. Piaget und A. Morf, *Logique et perception*, Kap. III, a. a. O.

In diesem Fall läßt sich, wie wir sehen, die Feststellung nicht von der Induktion trennen: die Frage nach der Beziehung zwischen beiden stellt sich im Rahmen der Wahrnehmung selbst und nicht, wie gemeinhin angenommen, an der Grenze zwischen Wahrnehmung (als Prototyp der Feststellung) und begrifflicher Auslegung (als alleinigem Ort der induktiven Vorgänge).
Ist nun die begriffliche Vorstellung selbst in der Lage, den Wahrnehmungsvorgang in demselben vorinduktiven Sinne zu beeinflussen? F. Bresson hat in unserem Zentrum ein originelles Experiment erdacht. Es besteht darin, den Versuchspersonen eine in ihrer oberen Hälfte verdeckte Figur zu zeigen, die sowohl eine 1 wie eine 7 darstellen könnte, so daß einzig die Neigung des Hauptstrichs zwischen den zwei Zahlen zu unterscheiden erlaubt. Die Versuchsperson nimmt diese Zahl nach einer Reihe von Zahlenpaaren (wie 65, 66, 67) war, derzufolge die Versuchsperson sowohl eine 1 als auch eine 7 erwarten kann. Die Wahrnehmung kommt nicht nur durch lautes Vorlesen zum Ausdruck, sondern darüber hinaus durch eine Anpassungsreaktion, die darin besteht, die Neigung des Hauptstrichs auf einer eigens dafür vorgesehenen Vorrichtung zu reproduzieren. Auch hier nun erweist sich die Wahrnehmung als veränderlich je nach den Induktionen und Vorinduktionen des Individuums.[4] Bresson hat zu diesem Zweck ein großartiges Wahrscheinlichkeitsschema dieser Form des perzeptiven Lernens entworfen, dem zufolge die Stimuli der Nachbareinheiten dank einer wachsenden Anzahl von Kriterien immer feiner voneinander geschieden werden. Bressons Schema gründet auf der Informationstheorie sowie den Codes von Hamming und liefert ein sehr überzeugendes Modell der Beziehung zwischen Wahrnehmung und Logik (der Klassen, Beziehungen, Induktion) im Rahmen dieser sehr wesentlichen Spielart perzeptiver Anpassung.[5]

4 F. Bresson, in: *Logique et perception*, Kap. V, a. a. O.

5 Ders., „Perception et indices perceptifs", in: *Logique et perception*, Kap. IV, a. a. O.

Generell hat der Autor in Zusammenarbeit mit A. Morf versucht, die Teilisomorphie zwischen den Wahrnehmungsstrukturen und den Strukturen der Klassen, der Beziehungen und der Induktion herauszuarbeiten.[6] Wir sind dabei zu dem Schluß gelangt, daß die Logik nicht etwa in der Wahrnehmung vorgebildet ist, sondern daß sie ohne die Mitwirkung eines auf das gesamte Tun des Individuums gründenden sensomotorischen Schematismus nicht auskommen kann, der sich mithin als Ausgangspunkt der späteren logischen Strukturen erweist. Tatsächlich vermag die Wahrnehmung als solche nicht die Bildung irgendeines logisch-mathematischen Begriffs zu erklären (nicht einmal die eines physikalischen Begriffs, denn jeder Begriff setzt seinerseits einen logisch-mathematischen Rahmen voraus). Vielmehr ist jede Wahrnehmung – offenbar selbst auf der Ebene elementarster Feldwirkungen – in ihrer Strukturierung durch eine über sie hinausgehende sensomotorische Tätigkeit bedingt, deren Koordinationen die logischen Strukturen vorbereiten.
Desgleichen hat der Autor versucht zu zeigen,[7] daß in allen Bereichen (Wahrnehmung und „Assoziation"), in denen das Individuum Erkenntnis durch „Lektüre" der Erfahrung erlangt, diese Lektüre nicht in einander ergänzenden Aufzeichnungen besteht, sondern vielmehr in „Assimilationen", d. h. in der Eingliederung der aktuellen Gegebenheit in ein System von Schemata, das sich auf der Grundlage sowohl der Eigentätigkeit des Individuums als auch der Eigenschaften der Gegenstände herausbildet. So erreichen die optisch-geometrischen Täuschungen bei kurzen Expositionen mit dem Tachistoskop (in Zusammenarbeit mit V. Bang und B. Matalon) im allgemeinen (und für bestimmte Fixationen) bei 0,1 – 0,5 Sek. einen Höchstwert. Hier sind zumindest zwei Faktoren wirksam: zum einen die Aufnahme („Begegnungen" zwischen den Teilen der Figur und denen der Empfangsorgange), zum anderen die In-Bezug-Setzung

6 J. Piaget, A. Morf, *Logique et perception*, Kap. II, a. a. O.

7 J. Piaget, „Assimilation et connaissance", in: *La lecture de l'expérience*, Kap. III, *Etudes d'épistémologie génétique, Band V.*

(„Kopplung" der „Begegnungen"), wobei erstere eine Ursache der Verzerrung, letztere Quelle möglicher Korrelationen ist.
Selbst in derartigen Situationen elementarster Kontakte zwischen Subjekt und Objekt ist ein verhältnismäßig komplexes Assimilationsschema an die Stelle einer einfachen „Lektüre" zu setzen.
Diese Assimilation wird im Fall der Geometrie der Wahrnehmung besonders deutlich. Bekanntlich glaubte Luneburg, ein amerikanischer Mathematiker und Psychologe, nachweisen zu können, daß der binokulare Raum, gekennzeichnet durch Konvergenz, Verschwinden und freie Bewegung der Augen, eine lobatschewskische Struktur darstellt, u. a. daran erkenntlich, daß im Konfliktfall die Wahrnehmung des Parallelismus (zwischen Lichtpunktreihen in der Dunkelheit) sich gegen die der Abstandsgleichheit durchsetzt. A. Jonckheere, der die Versuchsbefunde Luneburgs in London nachgeprüft hatte (wobei er die empirisch ermittelten Krümmungen statistisch verifizieren konnte), hat das Problem in unserem Genfer Zentrum erneut aufgegriffen und zwar mit Hilfe folgender originellen Vorrichtung:[8] Ein Würfel aus Eisendraht dreht sich vor einem Spiegel um seine eigene Achse, wobei der Spiegel sein Bild in Form eines zweiten, im Innern des ersten sich drehenden Würfels widerspiegelt. Damit wirft Jonckheere eine neue Frage auf, nämlich die nach den Beziehungen zwischen den sensorischen Gegebenheiten und dem positiven Urteil, insbesondere hinsichtlich der scheinbaren Verzerrungen oder Formbeständigkeit des widergespiegelten Würfels. Leider wissen wir nichts über die „sensorischen Gegebenheiten". Es läßt sich nur soviel sagen, daß, bestünde sie in einer Projektion der objektiven Gegebenheiten auf das visuelle „Bild" des Individuums, die Befunde in diesem spezifischen Fall für eine euklidische Wahrnehmung sprechen würden. (Dies wäre hingegen nicht mehr der Fall, wenn die Projektion z. B. auf einer dem Bewegungsfeld des Blicks entsprechenden Sphäre

[8] A. Jonckheere, *„Géométrie et perception", in: Etudes, Band V, Kap. VI.*

erfolgte). Doch handelt es sich mit Sicherheit um eine komplexe Assimilation, oder, wenn man so will, um die „Übersetzung“ der Gegebenheit in eine Wahrnehmungsstruktur. Vergleicht man nun die lobatschewskische Struktur der mit der Luneburgschen Vorrichtung ermittelten Wahrnehmungen mit den euklidischen Strukturen der geläufigen Vorstellung, so erkennt man, daß das Individuum zumindest über zwei geometrische Struktursysteme verfügt. Ein derartiger Befund ist nun sowohl für den Apriorismus als auch für den Empirismus vernichtend: für den einen, weil wenn der Raum wirklich einer „apriorischen Empfindungsform“ entspricht, sich eine einzige Form notwendigerweise durchsetzen müßte; für letzteren, weil der wahrgenommene Raum und der Raum der Gegenstände, wie ihn Versuchsleiter und Physiker strukturieren, nicht identisch sind.
Die wenigen im Bereich der Wahrnehmung ermittelten Ergebnisse wären ohne eine parallele Untersuchung des Lernens recht unvollständig geblieben. Es gibt nämlich zwei Arten, durch Erfahrung Erkenntnisse zu sammeln: entweder durch unmittelbaren Kontakt (Wahrnehmung) oder aber durch aufeinanderfolgende Verbindungen im Laufe der Zeit und durch Wiederholung (Lernen). Die im Wahrnehmungsbereich gewonnenen Erkenntnisse legten es natürlich nahe, sie auf das Phänomen des Lernens auszudehnen. Doch galt es, diese Hypothese nachzuprüfen (was wir im dritten Jahr unserer Bemühungen auf diesem Gebiet getan haben). Wir haben uns damals folgende beiden Fragen gestellt: 1. Gibt es ein Erlernen der logischen Strukturen und, wenn ja, ist es mit dem Lernen beliebiger Verhaltensweisen oder physikalischer Reihen identisch? 2. Bedingt das Lernen beliebiger Strukturen selbst eine Logik oder Vorlogik in dem für ihre Wirksamkeit erforderlichen Mechanismus?
Was die erste dieser beiden Fragen anbelangt, so ist A. Mory einem unserer früheren Ergebnisse zur Quantifizierung der Inklusion bei 5–6jährigen Kindern nachgegangen. Stellt man dem Kind die Frage: „Wenn die A gleichzeitig B sind und die B keine A, gibt es dann mehr B als A oder

nicht?"[9], so vermag es auf der vorlogischen Stufe im allgemeinen dieses Problem nicht zu lösen, da es ihm nicht gelingt, das Ganze B seinem eigenen Teil A gegenüber zu stellen: sobald das Ganze gedanklich getrennt ist, wird das Teil A nur noch mit seinem Komplementärteil A' (A'=B–A) verglichen. Morf hat nun versucht, die Versuchspersonen verschiedenen Formen des Lernens zu unterziehen: 1. Das Kind wird veranlaßt, die A und B in verschiedenen aufeinanderfolgenden Beispielen zu zählen (oder die Extension von A in bezug auf B festzustellen). 2. Es wird angehalten, die Untergruppen frei zu manipulieren. 3. Ihm wird die Möglichkeit der Intersektion (x kann gleichzeitig zu A und B gehören) verständlich gemacht. Die Befunde sind aufschlußreich: a) Das einfache Ablesen des Sachverhalts (Menge der A und B) reicht zum Erlernen der Inklusion A< B nicht aus und führt günstigstenfalls zu der Feststellung A< A+A', ohne daß die Verbindung A+A' in den Augen der Versuchsperson der Gesamtklasse B entspräche, zweifellos aufgrund unzureichender Beherrschung der Begriffe „alle" und „einige". b) Die freie Manipulation führt hingegen in mehreren Fällen zum Verstehen der Inklusion A < B, wobei das Lernen hier in einer im eigentlichen Sinne operationsgerechten Übung besteht. c) Die Erkenntnis der Intersektion kann gleichfalls zum Begriff der Inklusion führen. Die operative Struktur wird hier auf der Grundlage einer anderen operativen Struktur gelernt.

Diese erste Untersuchung scheint somit zu zeigen, daß das Erlernen der betreffenden logischen Struktur auf der Grundlage anderer Operationen oder operationsähnlicher Handlungen erfolgt und nicht etwa auf der Basis von Feststellungen wie jenen, die dem Erlernen eines physikalischen Gesetzes zugrunde liegen.

Eine Untersuchung von P. Greco zur Inversion der Inversion hat ähnliche Ergebnisse zutage befördert. Drei Einheiten

[9] Die Frage wird selbstverständlich anhand konkreter Beispiele gestellt, z. B. anhand von Blumenbildern: „Sind hier mehr Blumen oder mehr Schlüsselblumen?"

werden in der Reihenfolge ABC auf einem festen Draht in einem Rohr befestigt. Die Drehung des Rohrs um 180° ergibt die Reihenfolge CBA: zwei aufeinanderfolgende Drehungen führen zur Ausgangsposition zurück usf.[10] Bei 5–6jährigen führt die Feststellung der aufeinanderfolgenden Ergebnisse durchaus zu einem gewissen Erlernen der Inversion der Inversion. Dieses Lernen ist jedoch begrenzt und führt nicht zur Bildung der im eigentlichen Sinne operativen Struktur: es handelt sich im Grunde um nichts weiter als eine etwas fortgeschrittenere Gliederung der vorlogischen Intuitionen, über die das Kind bereits verfügte. Wie wir sehen, besteht das Lernen der Struktur auch hier in der Übung der bereits vorhandenen Ansätze, denn um die Ergebnisse des Versuchs verwenden zu können, muß man sie verstehen, und um sie zu verstehen, gilt es im Fall von logisch-mathematisch strukturierten Mengen (hier einer Gruppenstruktur zweiter Ordnung) voraufgehende Begriffswerkzeuge zu beherrschen.

Seinerseits hat J. Smedslund das Erlernen der Erhaltung und der Transitivität des Gewichts untersucht. Er ließ 5–6jährige die Erhaltung des Gewichts im Verlauf der Veränderung einer Tonkugel von der Waage ablesen (ältere Untersuchungen von Piaget und Inhelder hatten gezeigt, daß die Gewichtsinvarianz gemeinhin recht spät, nämlich bei 75% der Individuen mit etwa 9 Jahren erworben wird) und erzielte auf diese Weise beachtliche Lernerfolge. Hingegen gelang es ihm nicht, ein unmittelbares Erlernen der Transitivität hervorzurufen. Zwei andere Sachverhalte erhellen diese Ergebnisse. Zum einen erwarben die Versuchspersonen wenige Wochen, nachdem sie das Prinzip der Erhaltung des Gewichts beherrschten, den Begriff der Transitivität. Zum anderen ergab die Voruntersuchung der Versuchspersonen (mit der jene, die das Erhaltungsprinzip bereits beherrschten, ausgesondert werden sollten) eine gute Korrelation zwischen dem Niveau der Begründung der Erhaltung und dem der Begründung der Transitivität. Man

[10] Vgl. J. Piaget, *Les notions de mouvement et de vitesse chez l'enfant*, Paris 1946.

darf diese Befunde mithin wie folgt interpretieren: a) Der physikalische Aspekt der Gewichtsinvarianz erleichtert das Lernen erheblich, was jedoch nicht ipso facto das Erlernen der Erhaltung als notwendiger und transitiver Struktur zur Folge hat; b) die betreffenden logischen Strukturen, insbesondere die der Transitivität, lassen nur ein begrenztes Erlernen zu, vor allem in Form einer spontanen, inneren Gliederung der empirischen Gegebenheit.
Smedslund hatte in seinen Versuchen zum Erlernen der Gewichtsinvarianz keine Unterschiede zwischen den Reaktionen auf einfache Formveränderungen der Tonkugel und jenen gefunden, die auf Situationen erfolgten, in denen das Kind zunächst die Additionen und Subtraktionen von Teilen beobachtete, bevor es die Erhaltung im Fall von Veränderungen ohne Additionen und Subtraktionen beurteilte. J. Wohlwill zufolge war diese geringe Bedeutung der Addition und Substraktion u. U. auf den kontinuierlichen Charakter der betreffenden Mengen zurückzuführen. Er ging deshalb daran, den Einfluß des Übens dieser Additionsoperationen auf die Erhaltung einer diskreten Menge zu analysieren (er hatte sich zuvor mit Fragen der Wahrnehmung und des Begriffs der Zahl auseinandergesetzt). Der Versuch hat tatsächlich einen gewissen Einfluß der Übung der Addition auf das Erlernen der Mengen- und Zahlenvarianz nachgewiesen.
Wir kommen mithin zu dem Schluß, daß nach Auskunft dieser Untersuchungen ein Erlernen der logischen Strukturen durchaus möglich ist, allerdings in gleichzeitig beschränkter und spezifischer Form: beschränkt, weil man nur einen begrenzten Fortschritt in der Bildung der betreffenden Struktur erhält (der im übrigen mit der Reihenfolge der Stadien der normalen, nicht experimentell belasteten Entwicklung übereinstimmt), nicht aber eine vollkommene Struktur (es sei denn, die Versuchsperson konnte sie durch spontane Übung herausarbeiten); spezifisch, weil das „Erlernen" einer logischen Struktur seitens der Versuchsperson nicht erlernte Ansätze dieser Struktur oder anderer, sie implizierender Strukturen voraussetzt. Das Lernen der logischen Strukturen beruht mithin auf einer

Art Kreis oder Spirale, d. h. die Strukturen sind nicht nur Ergebnis dieses Lernprozesses, sondern gehen gleichermaßen auf eine innere Gleichgewichtstendenz zurück.
Dieses Ergebnis führt uns zwangsläufig zu unserer zweiten Frage: Impliziert das Lernen beliebiger Strukturen als solches ebenfalls notwendigerweise eine Logik oder Vorlogik?
B. Matalon hat unter diesem Gesichtspunkt das Lernen von sinnlosen Reihen sowie von Wechselreihen (AA, BB, AA, usf.) untersucht. Obgleich er seine Untersuchung noch nicht abgeschlossen hat, konnte er bereits mit zunehmendem Alter der Versuchspersonen eine aufschlußreiche Entwicklung herausarbeiten: Während sich die Kleinsten vor allem auf die Reihenfolge ihrer eigenen Handlungen konzentrieren, ist bei den ältesten Kindern eine Dezentrierung in Richtung auf die tatsächliche Reihenfolge zu beobachten. Mithin ist das Lernen nicht nur von den gegebenen Reihenfolgen und Wiederholungen abhängig, sondern gleichermaßen von der Koordination der Handlungen des Individuums, wobei diese Koordination ihrem Wesen nach eine bestimmte Logik impliziert. (Es sei daran erinnert, daß unsere voraufgehenden Untersuchungen[11] uns bereits zu der Erkenntnis geführt hatten, daß der Ursprung der Logik nicht nur, oder nicht ausschließlich, in der Sprache, sondern vielmehr in den Handlungskoordinationen zu suchen ist.)
Desgleichen hat M. Goustard das Labyrinth-Lernen auf verschiedenen Altersstufen analysiert. Er bediente sich dazu einer ähnlichen Versuchsanordnung wie in seinen tierpsychologischen Studien. Er erhielt so für die verschiedenen Alterstufen sehr unterschiedliche Lernkurven: kein Lernerfolg mit 5 Jahren (in bestimmten Situationen); zunehmend rascheres Lernen zwischen 6 und 12–13 Jahren (mit einem Rückgang im Alter von 8–9 Jahren) und sofortiges Verstehen („insight“) oberhalb dieser Grenze. Folglich ist das Lernen durch die dem Individuum zur Verfügung stehenden logischen Instrumente bedingt: diese sind mit

[11] Vgl. „Liaisons analytiques et synthétiques“ in: *Etudes*, Band IV.

fünf Jahren offenbar unzureichend, verändern sich mit etwa acht Jahren (der zu diesem Zeitpunkt zu beobachtende Leistungsrückgang entspricht einem Wandel in den Methoden auf Grund der Heranbildung der operativen Symmetrie) und lassen mit dreizehn oder vierzehn Jahren die unmittelbare Ableitung an die Stelle des Lernens treten.

Kurzum: auch das Lernen beliebiger Strukturen bedingt offenbar eine seinem Vollzug immanente Logik, die eingangs mit der in der Wahrnehmungstätigkeit wirksam werdenen Vorlogik vergleichbar ist und schließlich in die induktiven und deduktiven Strukturen übergeht, die letztlich das Lernen als solches ablösen.

Erkenntnistheoretisch gesehen, so scheint es, veranlassen diese Untersuchungen zu folgenden Schlußfolgerungen: Zum einen ist es offenbar ausgeschlossen, die logischen Strukturen im Sinne apriorischer Formen auszulegen, da ihre Bildung Lernen und Erfahrung voraussetzt. Zwar handelt es sich um eine Erfahrung besonderer Art, die im Gegensatz zur physischen Erfahrung nicht auf einer Abstraktion der Gegenstandsmerkmale beruht, sondern auf der Abstraktion von Handlungen an diesen Gegenständen sowie auf Koordinationen, die diese Handlungen untereinander verbinden (logisch-mathematische Erfahrung). Das Erlernen logischer Strukturen ist somit selbst von besonderer Art, insofern es einfach darin besteht, bereits vorhandene logische oder vorlogische Strukturen einzuüben oder zu differenzieren.

Zum anderen stimmen diese Ergebnisse jedoch ebensowenig mit der empiristischen Auslegung überein, und zwar aus verschiedenen Gründen. Einer der Hauptgründe ist, daß wir es weder bei der Wahrnehmung noch beim Lernen mit einem reinen Aufzeichnen von äußeren Gegebenheiten zu tun haben, sei es in Form einer rein wahrnehmungsbedingten Feststellung, insofern sich die Wahrnehmung zum Teil immer auf Ableitung oder Vor-Ableitung stützt, sei es in Form eines rein assoziativen Aufzeichnens, insofern das Lernen durchweg einen Assimilationsprozeß bedingt, der seinerseits eine logische oder vorlogische Komponente hat. Die Grundbeziehung von Reiz und Antwort, wie auch die

Assoziation von Reizen und Antworten können mithin nicht im Sinne einer ausschließlichen Unterordnung des Subjekts unter das Objekt gedeutet werden. Diese Unterordnung ist durchaus vorhanden und verstärkt sich im Laufe der Entwicklung noch, sie wird jedoch nur durch das koordinierende Handeln des Subjekts möglich, das letztlich den Ursprung der logischen Strukturen darstellt. Kurzum, der Gegenstand wird nur in dem Maße erfaßt, wie das Subjekt auf ihn einzuwirken vermag. Dieses Handeln ist nun aber mit der Passivität, die der Empirismus in verschiedenen Graden dem Erkennen zuschreibt, unvereinbar.

6. Sprache und Denkoperationen

In meinen ersten Arbeiten, vor etwa vierzig Jahren, zu einer Zeit also, als ich an die enge Beziehung zwischen Sprache und Denken glaubte, beschränkte ich mich fast ausschließlich auf das Studium des sprachlichen Denkens. Die Erforschung der vorsprachlichen sensomotorischen Intelligenz, die Ergebnisse, zu denen A. Rey in seiner Analyse *L'intelligence pratique chez l'enfant* gelangt, schließlich die Aufstellung der „konkreten" Operationen der Klasse, der Beziehungen und der Zahl (mit ihrem vorlogischen Gegenstück in den Bereichen der räumlichen Operationen und des Messens), die sich zwischen sieben und zwölf Jahren herausbilden, d. h. weit vor den aussagenlogischen Operationen (die als einzige an rein verbalen Aussagen vollzogen werden können) haben mich seither gelehrt, daß es eine Logik der Handlungskoordinationen gibt, die weit grundlegender als die sprachbedingte Logik ist und den „Aussagen" im eigentlichen Sinne weit vorausgeht.
Gewiß bleibt die Sprache nichtsdestoweniger eine Voraussetzung der Vollendung der logischen Strukturen, zumindest auf der Ebene dieser aussagenlogischen Strukturen, doch reicht sie zu deren Bildung nicht aus, zumal, wenn es um die einfacheren logisch-mathematischen Strukturen geht. Eben diese Unzulänglichkeiten der Sprache möchte ich hier besonders hervorheben, denn zwar erkennt jeder ihren Beitrag an – und auch ich hoffe, ihm in seiner vollen, letztlich ausschlaggebenden Tragweite gerecht zu werden –, doch vergißt man nur allzu häufig den Anteil der Handlungen und der operativen Intelligenz als solcher.
Dabei trifft es durchaus zu, daß die wesentlichen operativen Strukturen in der Umgangssprache enthalten sind, sei es in ihrer Syntax, sei es auf der Ebene der Bedeutung (Semantik). Betrachten wir zunächst die „konkreten Operationen", die unmittelbar an den Gegenständen vollzogen werden (Klassen, Beziehungen, Zahlen), so stellen wir fest, daß die linguistische Unterscheidung von Substantiv und Adjektiv

im großen und ganzen der logischen Unterscheidung von Klassen und Prädikaten entspricht, weiterhin, daß jede Sprache, entsprechend dem Sinn der verschiedenen Substantiva, relativ feine Klassifikationen enthält: Die geläufige Bedeutung der Wörter Spatz, Vogel, Tier und Lebewesen genügt dem Sprecher, um schließen zu können, daß alle Spatzen Vögel, alle Vögel Tiere und alle Tiere Lebewesen sind, ohne daß die Umkehrung wahr wäre. Es handelt sich mithin um eine hierarchische Schachtelung von Klassen, d. h. um eine Klassifikation. Zum anderen stellt die Behauptung, Wale seien „gleichzeitig" Säugetiere und Seetiere einen Durchschnitt oder ein Produkt von Klassen dar und entspricht damit dem Prinzip der multiplikativen und nicht mehr nur additiven Klassifikation. Desgleichen reichen die Begriffe Großvater, Vater, Sohn, Bruder, Onkel, Neffe usw. aus, um die Struktur eines Stammbaums, d. h. ko-univoker Klassen- oder Beziehungsmuliplikationen zu bestimmen. Die Komparative „größer als" usf. führen zur Reihenbildung, und auch die Folge der ganzen Zahlen ist im geläufigen Vokabular enthalten. Auch die wesentlichsten aussagen- oder formallogischen Operationen finden wir in der Sprache wieder: die Implikation („wenn – so"), die ausschließende oder nicht ausschließende Disjunktion („entweder – oder"). Die Möglichkeit, reine Annahmen zu reflektieren, die mit diesen hypothetisch-deduktiven Operationen einhergeht, wird nun eben durch einen derartigen Sprachgebrauch gewährleistet. Der Syllogismus kommt unmittelbar durch entsprechende sprachliche Formen zum Ausdruck, so daß man der aristotelischen Logik sogar vorgeworfen hat, von der Grammatik beherrscht zu sein. Soweit die betreffenden Strukturen zu fein und zu differenziert sind, um in der Umgangssprache ausgedrückt zu werden, haben Mathematiker und Logiker Fachsprachen und künstliche Sprachen entwickelt, die psychologisch nichtsdestoweniger als Sprachen zu betrachten sind.

Es ist deshalb nur allzu verständlich, daß sowohl auf seiten der Psychologen als auch bei den Erkenntnistheoretikern sich Thesen durchgesetzt haben, die die Gesamtheit der Denkoperationen, um nicht zu sagen das gesamte Denken (nur geistige Bilder kinetischer oder visueller Natur ausgeschlossen), sowohl in genetischer als auch kausaler Sicht allein auf die Sprache zu verkürzen trachten. Es erübrigt sich unter Psychologen, an die einschlägigen Arbeiten und Ansätze der auf Watson zurückgehenden behavioristischen Strömung zu erinnern. Es mag allerdings interessant sein, auf die vollkommene Übereinstimmung dieses Standpunktes mit dem einer erkenntnistheoretischen Schule hinzuweisen, die zunächst (zur Zeit des „Wiener Kreises") vollkommen unabhängig arbeitete und schließlich, nachdem die „Wiener" in die USA ausgewandert waren, mit dem Behaviorismus im eigentlichen Sinne verschmolz. Einer der Begründer dieses „logischen Empirismus (oder auch Positivismus)", R. Carnap, vertrat zunächst die These, daß die gesamte Logik nichts anderes sei, als eine allgemeine Syntax im linguistischen Sinne des Wortes. In der Folge sah er sich, gleichzeitig mit Tarski, veranlaßt, der allgemeinen Syntax eine allgemeine „Semantik" zur Seite zu stellen; doch auch sie führt uns noch nicht über die Grenzen der Sprache hinaus. Schließlich wies Morris, um dem operativen Wesen der Logik Rechnung zu tragen, auf die – von der gesamten Schule bestrittene – Notwendigkeit hin, die logische Syntax und Semantik durch eine Pragmatik zu erweitern. Doch handelt es sich auch hierbei weiterhin um Verwendungsregeln für eine Sprache und nicht um eine Logik des Handelns. Beim Durchgehen der *Encyclopedy for Unified Sciences*, einer Art Kompendium des logischen Positivismus, muß man sich darüber wundern, mit welchem Nachdruck Logiker, Linguisten und Psychologen der „Schule" (wobei sich E. Brunswick durch seinen differenzierten Standpunkt von seinen nicht experimentell arbeitenden Kollegen abhebt) immer wieder beteuern, daß das „mentalistische" Denkkonzept usf. jeder Grundlage entbehre, daß alles Sprache sei und der Zutritt zur logischen Wahrheit durch einen gesunden Sprachgebrauch gesichert werde.

Nun handelt es sich hier aber um psychologische Fragen, die folglich nur experimentell entschieden werden können. Es sind in dieser Hinsicht zwei Problemkreise zu unterscheiden:

I. Die Sprache kann eine notwendige Voraussetzung für die Vollendung der logisch-mathematischen Operationen darstellen, ohne deshalb eine ausreichende Vorbedingung für ihre Bildung zu sein. Die entwicklungspsychologischen Befunde sind hier ausschlaggebend, da nur sie uns ermöglichen, zu bestimmen: a) ob der Ursprung dieser Operationen vor dem Spracherwerb anzusetzen oder im Sprachverhalten zu suchen ist; b) ob die Bildung des Denkens an den Erwerb der Sprache als solcher oder der Symbolfunktion im allgemeinen gebunden ist; schließlich c) ob die sprachliche Überlieferung ausreicht, um dem kindlichen Denken operative Strukturen zu verleihen, oder ob diese Vermittlung vielmehr nur unter der Voraussetzung wirksam wird, daß sie dank grundlegenderer Strukturen assimiliert wird (Handlungskoordinationen), die selbst nicht sprachlich vermittelt werden.

II. Was die These anbelangt, der zufolge die Sprache eine Voraussetzung (wenn auch als solche unzureichend) für die Bildung der Operationen darstellt, so bleibt zu prüfen: a) ob die Operationen etwa nur in sprachlicher Form wirksam werden oder ob sie vielmehr durch Gesamtstrukturen oder dynamische Systeme bedingt sind, die als Systeme nicht in der Umgangssprache selbst zum Ausdruck kommen (im Gegensatz zu den Fachsprachen); b) ob die Sprache gleichwohl für die Vollendung dieser operativen Strukturen konstitutiv ist oder nur als Ausdrucks- oder Reflexionsinstrument dient; c) wenn nun der Sprache eine konstitutive Bedeutung zukommt, bliebe zu bestimmen, ob dies so ist, weil sie ein Kommunikationssystem mit allem, was dies an Kontrollregeln oder Vor-Berichtigung von Irrtümern einschließt, darstellt oder weil in ihr die Strukturen vollkommen vorgebildet sind.

1. Hier lassen sich zunächst folgende Tatsachen anführen, unter Vorbehalt der noch ungelösten Fragen und ausstehenden Versuche, auf die wir in unserer Schlußbetrachtung zurückkommen wollen.

a) Bereits auf der sensomotorischen Entwicklungsstufe, die dem Spracherwerb vorausgeht, läßt sich die Bildung eines vollständigen Systems von „Schemata" beobachten, die bestimmte Aspekte der Klassen- und Beziehungsstrukturen ankündigen. Als Schema betrachten wir nämlich das, was in einer gegebenen Handlung verallgemeinert werden kann: so wird der Säugling z. B., nachdem er einmal einen entfernten Gegenstand durch Ziehen an der Decke, auf der er liegt, erreicht hat, diese Entdeckung verallgemeinern und eine Reihe anderer Unterlagen benutzen, um in verschiedenen Situationen die verschiedensten Gegenstände zu sich heranzuholen. So wird das Schema zu einer Art von praktischem Begriff. In der Folge wird der Säugling angesichts eines für ihn neuen Gegenstandes versuchen, ihn zu assimilieren, indem er nacheinander alle ihm zur Verfügung stehenden Schemata auf ihn anwendet, als handle es sich um jene „Gebrauchsbestimmungen" im Sinne des „das ist zum . . .", die Binet als Charakteristika eines weit späteren Stadiums hervorhebt.

Im Zuge ihrer Verallgemeinerung bilden die Schemata zunächst eine Art von Klassifikation: so können etwa ein und demselben Ziel mehrere Mittel gegenüberstehen, die allesamt erlauben, es zu erreichen und somit in dieser Hinsicht gleichwertig sind. Die Klassen implizieren in der Sicht der Versuchsperson ein „Umfassen", d. h. eine Menge gemeinsamer Merkmale, die die Verallgemeinerung begründen; sie sind zum anderen durch eine „Extension" gekennzeichnet (die Gesamtheit der Situationen, auf die sie anwendbar sind), die sich allerdings nur aus dem experimentell beobachteten Verhalten herleiten läßt, ohne daß die Versuchsperson imstande wäre, sie sich vorzustellen, wie dies auf der Stufe der Symbolfunktion der Fall sein wird.

Die Schemata beinhalten zum anderen selbstverständlich eine Reihe verschiedenster Verknüpfungen, sozusagen als Vorspiel zur Logik der Relationen, die sich späterhin auf der Ebene der Vorstellung entwickeln wird. Diese Beziehungen können selbst zu einer Art von sensomotorischer Reihenbildung führen, wie zum Beispiel beim Aufstapeln von unterschiedlich großen Klötzen (vgl. die *baby-tests* von Ch. Bühler).

Die Koordination der Schemata führt darüber hinaus zu praktischen Ableitungen. Beispiel: Das Kind sucht einen

Gegenstand unter einem Tuch, unter das man zuvor eine Mütze gelegt hat. Findet es den Gegenstand nun nicht, obwohl es ihn unter dem Tuch verschwinden sah, so schließt das 16–18 Monate alte Kind umgehend, daß der Gegenstand unter der Mütze sein muß.

Vor allem aber führt der sensomotorische Schematismus zur Präfiguration der kommenden Invarianzbegriffe sowie der operativen Reversibilität. So bildet sich zwischen der Mitte des ersten und der des zweiten Lebensjahres im Schema des permanenten Gegenstandes der Urtyp der Erhaltung heraus. Dieses Schema stellt nun in Wirklichkeit schon eine Art von „Gruppeninvariante" dar, insofern nämlich, als die Suche nach dem verschwundenen Gegenstand sich auf der Grundlage seiner Lokalisierung vollzieht und diese Ortsbestimmungen eben die Bildung der „Gruppe" der Ortsveränderungen voraussetzen, die die Umwege (Assoziativität der Gruppe) und Umkehrungen (Reversibilität) koordinieren. Es muß deshalb angenommen werden, daß vor den sprachlich formulierten Operationen eine Art Logik der Handlungskoordinationen besteht, die u. a. durch Ordnungs- und Verschachtelungsbeziehungen (Verhältnis der Teile zum Ganzen) gekennzeichnet ist. Unterscheidet man ferner innerhalb der späteren Vorstellungen und des Denkens einen anschaulichen, an die Vorstellung der Zustände gebundenen Aspekt, so kann man nicht umhin, die Logik der Handlungskoordinationen aus den Operationen des praktischen Handelns herzuleiten. In diesem Sinne geht etwa die Operation der Addition zweier Zahlen (2+3=5) auf das tätige Vereinen zweier Gegenstände zurück. Wenn man diese Vereinigung als symbolisch einstuft, so deshalb weil es sich bei den Einheiten 2, 3, 5, = und + um Zeichen und nicht um Dinge handelt. Das ändert jedoch nichts an der Tatsache, daß die Addition mit Hilfe dieser Zeichen eine ebenso wirkliche Vereinigung ist, wie die Addition von Gegenständen.

Schließlich darf nicht übersehen werden, daß die Operationen als Ergebnis verinnerlichter Handlungen und ihrer Koordinationen lange Zeit von der Sprache verhältnismäßig unabhängig sind. So beobachtet man zwischen 7 und 12

Jahren, d. h. vor der Bildung der aussagenlogischen und hypothetisch-deduktiven Operationen, die mit der Sprache eng verbunden sind, eine lange Phase „konkreter" Operationen (Klassen, Relationen, Zahlen), die durch die direkte Manipulation von Gegenständen gekennzeichnet sind. Diese Operationen kommen u. a. durch den Erwerb von Invarianzbegriffen zum Ausdruck, die über den des permanenten Gegenstandes hinausgehen. So ergibt der Test mit den Plastilinkugeln, daß die Substanzinvarianz mit etwa 7 oder 8 Jahren, die Gewichtsinvarianz mit 9–10 Jahren und die Erhaltung des Volumens mit 11–12 Jahren erworben wird. Trotz dieser zeitlichen Verschiebungen benutzt das Kind allerdings dieselben Argumente und sprachlichen Formulierungen, um die jeweilige Invarianz zu begründen: „Man hat sie ja nur verlängert" (nämlich von der Kugel zur Wurst), „Man hat nichts weggenommen und nichts hinzugefügt", „Es ist nun länger, aber dünner" usw. Dies weist eindeutig darauf hin, daß diese Begriffe nicht allein von der Sprache abhängen. Vielmehr haben wir es mit der fortschreitenden Strukturierung des Gegenstandes zu tun, gemäß seinen verschiedenen Eigenschaften und in Abhängigkeit von aktiven Operationssystemen, die sich weit mehr auf die am Objekt vollzogenen Handlungen als solche, als auf ihre verbale Formulierung stützen.

b) Die Bildung des Denkens als begriffliche „Vorstellung" ist beim Kind zweifellos vom Erwerb der Sprache abhängig, doch kann in dem erstgenannten Vorgang nicht ein einfaches ursächliches Ergebnis des zweiten gesehen werden, denn beide sind durch einen noch allgemeineren Vorgang bedingt, nämlich die Ausbildung der Symbolfunktion.[1] Tatsächlich tritt das Sprechen auf derselben Entwicklungsstufe ein wie das Symbolspiel, die verschobene Nachah-

[1] Einer der auf der Tagung unserer Vereinigung in Neuchâtel vertretenen Sprachwissenschaftler schlug vor, von „semiotischer Funktion" zu sprechen, da sie nicht nur den Gebrauch von Symbolen umfaßt, sondern darüber hinaus den von „Zeichen" (etwa sprachlichen), die strenggenommen nicht zu den Symbolen gerechnet werden können.

mung und – so ist anzunehmen – das geistige Bild als verinnerlichte Nachahmung. Kennzeichnend für die Symbolfunktion in diesen verschiedenen Ausprägungen ist die Differenzierung der differenzierten Bedeutungsträger sowie die Möglichkeit, durch sie nicht gegenwärtige Inhalte zu vergegenwärtigen: Diese beiden Charakteristika unterscheiden die verbalen Zeichen und die spielbedingten, gestischen oder erdachten Symbole von den sensomotorischen Hinweisen und Signalen, die mit ihrem Bedeutungsinhalt fest verbunden sind und insofern nicht erlauben, nicht aktuell wahrnehmbare Gegenstände und Ereignisse zu vergegenwärtigen. Der Übergang von den sensomotorischen zu den symbolischen oder vorstellungsmäßigen Verhaltensweisen wird nun zweifellos durch die Nachahmung gewährleistet (in diesem Punkt stimmen die Arbeiten von Wallon und die unsrigen überein), die in ihrer verschobenen und verinnerlichten Variante die Differenzierung von Bedeutungsträger und Inhalt leistet. So wird die Sprache über die Nachahmung erworben, die hier als wesentliches Hilfsmittel erscheint, denn wenn das Erlernen des Sprechens nur von Konditionierungen abhinge, müßte sie bedeutend früher einsetzen. Da nun die Entwicklung der Nachahmung selbst durch die der intelligenten Verhaltensweisen im ganzen bedingt ist, wird deutlich, daß der Sprache billigerweise nur insofern eine ausschlaggebende Rolle bei der Bildung des Denkens zugeschrieben werden kann, als sie eine der Ausdrucksformen der Symbolfunktion ist, deren Entwicklung wiederum von der Intelligenz in ihrer Gesamtheit bestimmt wird.

c) Der Erwerb der Sprache reicht jedoch keineswegs aus, um sozusagen fix und fertige operative Strukturen zu übertragen, die das Kind durch sprachlichen Zwang von außen übernähme. Diese These läßt sich durch eine Reihe von Befunden erhärten: 1. Obwohl die Klassifizierung in der Sprache potentiell gegeben ist, beherrscht das Kind erst auf der Stufe der konkreten Operationen (7–8 Jahre) den Umgang mit einschließenden Definitionen (über die Gattung und die spezifische Differenz; vgl. hierzu den Definitionstest von Binet und Simon) und Klassifizierungen im allgemeinen (3. Stadium bei Inhelder und Piaget); 2. die sprachlichen Ausdrücke, die die Inklusion einer Unterklasse in einer Klasse bezeichnen, wie z. B. „Einige meiner Blumen sind gelb", werden erst dann beherrscht, wenn die Inklusion selbst aufgrund der additiven und multiplikativen Operationen an Klassen vorhanden ist; 3. das sprachliche Zählen ist keineswegs ausreichend, um die Erhaltung von Zahlenmengen und bi-univoken Ensprechungen sicherzustellen.

Kurzum, die adäquate Informationsübermittlung in bezug auf operative Strukturen wird erst dann assimiliert, wenn die Strukturen im Bereich der Handlungen selbst oder der Operationen als verinnerlichte Handlungen vorhanden sind. Zwar erleichtert die Sprache diese Verinnerlichung, doch weder schafft sie diese Strukturen noch vermittelt sie sie fix und fertig auf ausschließlich sprachliche Bahnen.

2. Was jene Probleme anbelangt, die mit der notwendigen, doch nicht ausreichenden Rolle der Sprache in der Vollendung der operativen Strukturen in Zusammenhang stehen, so lassen sie sich am besten auf der Ebene der formallogischen und hypothetisch-deduktiven Operationen fassen. Denn diese Operationen werden im Gegensatz zu den konkreten Operationen nicht mehr am Gegenstand selbst vorgenommen werden, sondern an Aussagen und sprachlich formulierten Annahmen. Die aussagenlogischen Operationen, die zwischen 11–12 und 14–15 Jahren einsetzen, sind offensichtlich enger an die sprachliche Kommunikation gebunden, ja, man kann sich nicht recht vorstellen, wie sie sich ohne Zutun der Sprache entwickeln, bzw. ihre Entwicklung vollenden könnten.

a) Es muß jedoch darauf hingewiesen werden, daß die Operationen zwar einerseits „diesseits" der Sprache, nämlich in den Handlungskoordinationen ihren Ursprung nehmen, daß sie andrerseits jedoch über sie hinausgehen, insofern nämlich, als die aussagenlogischen operativen Strukturen, obwohl sich ihre Bildung auf sprachliche Verhaltensweisen stützt, relativ komplexe Systeme darstellen, die als solche nicht in der Sprache enthalten sind. Diese Systeme stellen sich uns zum einen als eine Kombinatorik dar (im Gegensatz zu den einfachen Verschachtelungen der konkreten Operationen), zum anderen als eine Gruppe von vier ‚Transformationen', die Inversion und Reziprozität koordinieren, also jene beiden Formen der Reversibilität, die bis dahin in den konkreten „Gruppierungen" (Klassifikation, Reihenbildung usw.) getrennt waren. Diese zwei korrelativen Gesamtstrukturen kommen im Verhalten der Individuen durch die Bildung eines Systems neuer operativer Schemata zum Ausdruck (doppelte Bezugssysteme, Proportionen, kombinatorische Wahrscheinlichkeit usw.), deren funktionelle Einheit sie gewährleisten und deren relativ gleichzeitiges Auftreten durch dieses System eine Erklärung findet. Diese großen Gesamtstrukturen gehen nun aber über das Sprachvermögen des Einzelnen hinaus, ja, sie lassen sich mit der Umgangssprache allein nicht einmal formulieren.

b) Die Entstehung dieser Strukturen wirft noch immer eine Reihe von Fragen auf. Um zu bestimmen, ob die Sprache für sie wirklich konstitutiv ist oder nur indirekt oder unterstützend hineinspielt, muß abgewartet werden, ob sich aus den Arbeiten der verschiedenen Richtungen des sprachwissenschaftlichen Strukturalismus (Hjelmslev, Togeby, Harris usf.) ausreichende Übereinstimmungen mit der algebraischen und logistischen Analyse der Denkmechanismen ergeben.

c) Gleichwohl läßt sich bereits absehen, daß selbst auf dieser Ebene der formal- und aussagenlogischen Operationen die Sprache weniger durch Vermittlung fertiger Strukturen als durch eine Art Erziehung des Denkens oder Urteilens wirksam wird, und zwar aufgrund der Umstände der Kommunikation sowie der Vor-Berichtigung von Irrtümern. „Es wäre möglich", meint der Sprachwissenschaftler Hjelmslev, „die Systeme der Formallogik und der Sprache auf ein gemeinsames Grundprinzip zurückzuführen, das man als *sublogisches* System bezeichnen könnte".

L. Apostel konnte nachweisen, daß dieses gemeinsame System Teil der Code-Theorie ist und die Vor-Berichtigung der Irrtümer übernimmt, die sich im Verlauf der Verschlüsselung und Entschlüsselung einschleichen. Demzufolge ließe sich der mitgestaltende Einfluß der Sprache auf die Operationen im Sinne einer gemeinsamen Funktionsweise und eines potentiellen gemeinsamen Ursprungs deuten, wobei dieser Einfluß allerdings über den Rahmen der Sprache selbst hinausgeht, indem er den Ausgleichsprozeß aus dem Bereich der Handlungskoordinationen im allgemeinen auf den Bereich gesellschaftlichen Handelns ausdehnt.

Zum Abschluß dieser Überlegungen möchten wir kurz auf die Untersuchungen eingehen, die anzustellen sind, um die vorstehenden Fragestellungen zu beantworten, die vorgeschlagenen Lösungen nachzuprüfen und neue, weiterführende Fragen aufzuwerfen.
Ein ergiebiger Ansatz ist in dieser Hinsicht die Analyse der Lernleistungen bei der sprachlichen Formulierung von Operationen, die das Individuum noch nicht spontan beherrscht. Eine erste Untersuchung in dieser Richtung hat A. Morf mit Kindern vorgenommen, die entwicklungsmäßig zwischen den konkreten und den formalen Operationen standen. Sein Versuch stützt sich auf einige Urteilsaufgaben, an denen Implikationen und Disjunktionen beteiligt sind. Morf analysiert zunächst den spontanen Lösungsversuch der Kinder und liefert ihnen sodann eine Reihe sprachlicher Informationen, wobei er beim Wiederholen der Fragen zusätzliche Hinweise und Beispiele gibt. Das Ergebnis dieser Hilfestellung erwies sich als durchweg negativ, außer bei solchen Versuchspersonen, die die eine oder andere Frage spontan auf hypothetisch-deduktivem Wege zu lösen vermochten und dadurch imstande waren, die Bedeutung der Zusatzinformationen im Anschluß an einen ersten Mißerfolg zu assimilieren. Andere Untersuchungen wurden von B. Inhelder und J. Bruner in jüngsten Versuchen in Harvard angestellt: Kinder, die die Erhaltung im Fall des Umfüllens einer Flüssigkeit noch nicht beherrschten, wurden anhand von Ausdrucken wie „das Glas A ist gleichzeitig höher und schmaler als das Glas B“ einem sprachlichen Lernvorgang unterzogen. Es ging hier darum, zu untersuchen, wie die Versuchspersonen diese Beziehung zu verstehen lernen und ob sie aufgrund dessen ihr Urteil über

die Erhaltung ändern würden (der Versuch findet unabhängig von den Erhaltungstests, jedoch im selben Zusammenhang statt). Die ersten Forschungsergebnisse scheinen nun folgendes zu zeigen: a) Die Schwierigkeiten, denen das Kind beim stufenweisen Verstehen dieser sprachlichen Formulierungen begegnet, scheinen gleicher Art zu sein wie die Hindernisse, die wir aus dem Bereich des Erwerbs des Invarianzprinzips her kennen; b) zwischen dem Bereich des sprachlichen Verstehens und dem des konkreten Denkens gibt es so wenig Gemeinsamkeiten, als handelte es sich um zwei verschiedene Ebenen.

Ein zweiter aufschlußreicher Ansatz ist die Untersuchung der Beziehungen zwischen der sprachlichen und der operativen Ebene bei Entwicklungsstörungen in dem einen oder anderen Bereich, wie sie zur Zeit von J. de Ajuriaguerra und B. Inhelder durchgeführt wird. Wir wollen an dieser Stelle nicht näher darauf eingehen, sondern nur jene paradoxen Fälle hervorheben, in denen sich bei einem ausgeprägten sprachlichen Rückstand keinerlei Störung der Denkoperationen feststellen läßt (man findet mitunter auch das genaue Gegenteil: operativer Rückstand ohne Sprachstörung).

Der bevorzugte Ansatz, um den hier aufgeworfenen Fragen beizukommen, ist selbstverständlich die Erforschung der Denkoperationen beim Taubstummen, der über die Symbolfunktion verfügt, ohne aus sich heraus zu artikuliertem Sprechen zu gelangen. Die schönen Arbeiten von P. Oléron, M. Vincent sowie, bei uns in Genf, von F. Affolter haben bereits nachgewiesen, daß die Taubstummen zwar einen von einem Test zum anderen unterschiedlichen Rückstand gegenüber den Gesunden haben, u. a. ein Zeichen geringerer Mobilität, daß sie jedoch durchaus zu den wesentlichen Operationen (Klassifizierung, Reihenbildung und andere Ordnungsoperationen, Perspektive, vgl. Schatten-Test) imstande sind. Demgegenüber hat P. Oléron jüngst auf die Möglichkeit eines beträchtlichen Rückstands beim Erwerb der Erhaltungsbegriffe hingewiesen. Die Lösung einer solchen Frage wird jedoch aus methodologischen Gründen erheblich erschwert: Es fragt sich, ob die Ergebnisse von

Oléron nicht teilweise auf sein Verfahren zurückzuführen sind, zumal die von ihm berichteten Mittelwerte für Gesunde nicht genau mit den jüngsten, von Forschern verschiedenster Länder ermittelten Skalen übereinstimmen. Tatsächlich scheinen die Ergebnisse der Untersuchungen von F. Affolter, der die Frage mit anderen Verfahren wieder aufnahm, auf einen früheren Erwerb der Begriffe bei Taubstummen hinzuweisen. So bleibt diese Frage, wie so viele andere, die hier aufgeworfen wurden, offen.

7. Die Gestalttheorie in der zeitgenössischen Psychologie der Intelligenz und der Wahrnehmung

Zwei Prinzipien der Gestalttheorie sind in den uns interessierenden Bereichen auch weiterhin grundlegend:
Das erste Prinzip besagt, daß ein jeder mit der Wahrnehmung oder der Intelligenz in Zusammenhang stehender Vorgang durch die Tendenz zum Gleichgewicht gekennzeichnet ist. Diese Gesetzmäßigkeit wurde häufig hinsichtlich der Affektivität vertreten, in der das Bedürfnis, Claparède zufolge, für ein Ungleichgewicht und die Befriedigung für die Wiederherstellung des Gleichgewichts steht. Im Bereich der kognitiven Funktionen war es jedoch zweifelsohne die Gestalttheorie, die dem Gleichgewichtsbegriff eine exakte Bedeutung verlieh und eine Reihe ausschlaggebender Versuche veranlaßte: so scheinen der Begriff der „Feldwirkungen" bei der Erforschung der Wahrnehmungsvorgänge und der Begriff der stufenweisen Wiederherstellung des Gleichgewichts im Bereich der Intelligenzakte endgültig gesichert.
Dem zweiten wesentlichen Prinzip zufolge bestehen die aus diesen Äquilibrationsprozessen hervorgehenden Gleichgewichtsformen in „Gesamtstrukturen", die durch „Organisationsgesetze" gekennzeichnet sind und sich aus der Ganzheit als solcher und nicht aus der Assoziation von Einzelelementen herleiten. Obwohl bereits um die Jahrhundertwende geläufig, verdankt der Begriff der Ganzheit seine genaue, experimentelle Ausdeutung der Gestalttheorie.
Wir wollen diese beiden zentralen Begriffe der Gestaltpsychologie vorbehaltlos übernehmen. Ziel dieser kritischen Betrachtung ist es nicht, sie in Frage zu stellen, sondern sie vielmehr weiterzuführen. Wir wollen insbesondere an den „Organisationsgesetzen" (oder Gesetzen der „guten Gestalt") festhalten, so wie die gestalttheoretischen Untersuchungen zur Wahrnehmung sie zutage förderten, wie auch

an einem Großteil der übrigen Befunde (von einigen Übertreibungen abgesehen, wie z. B. dem vermeintlichen Fehlen einer altersmäßigen Entwicklung bestimmter Mechanismen wie der Wahrnehmungskonstanzen).
Gleichwohl halten wir die von der Gestaltpsychologie beschriebenen Gleichgewichtsgestalten oder Gesamtstrukturen für unvollständig: Sie sind in der Tat in bestimmten Bereichen zutreffend, während sie in anderen Fällen hinter anderen, von der ursprünglichen Gestalttheorie nicht berücksichtigten Gesamtstrukturen zurückzutreten scheinen.
Ergänzt man nun aber die „Gestalten" durch jene anderen Gesamtstrukturen, die wir nicht mehr Gestalten nennen wollen, so werden aufgrund dieser Zusätze und des mit ihnen einhergehenden perspektivischen Wandels bedeutende Änderungen der Theorie erforderlich.

Die gestaltpsychologische Intelligenztheorie

Die Gestalttheoretiker gingen von der Wahrnehmung aus, bzw. haben sich sehr rasch von den Wahrnehmungsmodellen beherrschen lassen, selbst dann noch, als sie sich an die Erforschung der Intelligenz machten.
Die Wahrnehmungen sind nun aber „nicht-additive" Ganzheiten und folglich wesentlich irreversibel (im logischen Sinne des Wortes). Als solche entsprechen sie durchaus, wie Koehler gezeigt hat, bestimmten „physischen Gestalten", d. h. irreversiblen Systemen mit ihren charakteristischen Gleichgewichtsverschiebungen, in denen ständig jeder Teil in Form einer nicht-additiven Zusammensetzung dem Ganzen untergeordnet ist.
So erklärt sich das Koehlersche Konzept der Gestalt, das durch eben jenes wesentliche Merkmal der Nicht-Additivität gekennzeichnet ist. In dieser Sicht (wir wollen uns hier auf die physische Gestalt beschränken, um nicht die folgenden psychologischen Aussagen zu präjudizieren) ist das Kraftgefüge in der klassischen Mechanik keine „Gestalt", während eine Seifenblase oder die Oberfläche eines ruhenden Gewässers „Gestalten" bilden.

Mir ist durchaus bewußt, daß andere Autoren den Gestaltbegriff auf zahlreiche andere Gesamtstrukturen ausdehnen, nur fürchte ich, daß, wenn alles Gestalt ist, der Begriff an Gehalt verliert. Halten wir uns also hier an die Koehlersche Definition, die mit der klassischen Definition der Gestalttheorie übereinstimmt.
Als die Gestalttheoretiker sich nun der Erforschung der Intelligenz zuwandten, bedienten sie sich desselben Erklärungsmodells wie für die Wahrnehmung. Sie faßten den Intelligenzakt als Rekonstruktion von Gegegebenheiten oder als Übergang von einer weniger guten zu einer besseren Gestalt auf und unterwarfen damit alle Strukturen, ob wahrnehmungsbedingter oder geistiger Art, denselben, als allgemeingültig angenommenen Gesetzen.
Eben in diesem ersten Punkt können wir der klassischen Gestalttheorie nur schwer folgen. Zwar gehorcht auch die Intelligenz Gleichgewichts- und Ganzheitstendenzen, doch handelt es sich nicht mehr um dieselben Gesamtstrukturen wie im Fall der Wahrnehmungen: Die im Bereich der logischen und mathematischen Operationen relevanten Gesamtstrukturen sind im Gegensatz zu den Wahrnehmungsstrukturen durch Reversibilität (Inversion oder Reziprozität) und additive Zusammensetzung gekennzeichnet.
Nehmen wir z. B. die Reihe der ganzen Zahlen. Eine derartige Struktur ist ein Musterbeispiel additiver Zusammensetzung, da $2 = 1 + 1$. Und doch handelt es sich um eine Ganzheit mit ihren Organisationsgesetzen, da eine ganze Zahl nicht unabhängig von der Reihe besteht, die durch die Operation $n + 1$ gekennzeichnet ist und diese Reihe als Ganzheit Strukturgesetze aufweist, nämlich die der „Gruppe“ (wie des „Körpers“, sofern man die additive und die multiplikative Gruppe zu einem einzigen System zusammenfaßt). Es handelt sich hier also um eine additive und reversible Struktur, die psychologisch gesehen alle Merkmale eines organisierten Ganzen aufweist und doch im engen Sinne des Wortes keine Gestalt ist.
Das gleiche gilt für alle anderen logischen Strukturen, deren Entwicklung beim Kinde und beim Erwachsenen wir nach und nach untersucht haben. Ob man die Klassifikationen

und Reihungen, die Zuordnungen usw. im Bereich der „Gruppierungen“ konkreter Operationen (Klassen und Beziehungen) betrachtet oder die Gruppen und Verbände aussagenlogischer Operationen, überall begegnet man Gesamtstrukturen, deren Organisationsgesetze über die Einzelelemente hinausgehen. Gleichwohl handelt es sich um reversible, additiv zusammengesetzte Strukturen: Die Ausgangsannahmen der Gestalttheorie (Gleichgewicht und Ganzheit) bestätigen sich hier uneingeschränkt und doch haben wir es mit Ganzheiten zu tun, die keine „Gestalten“ sind.

Innerhalb der Erkenntnisvorgänge (wie auch in der physischen Wirklichkeit) lassen sich mithin zwei verschiedene Gleichgewichtsformen unterscheiden:

1. *Systeme mit permanentem Gleichgewichtszustand* (Beispiel: die logischen und mathematischen Operationen, die sobald sie einmal beherrscht werden, sich ein Leben lang erhalten). Diese Systeme sind im wesentlichen *reversibel*, was nicht verwundert, da das Gleichgewicht eines Systems sich durch die Zusammensetzung aller potentiellen Transformationen, d. h. eben durch die Reversibilität definiert. Sie erscheinen uns charakteristisch für das logische Denken von der Ebene der konkreten Operationen an (7.–8. Lebensjahr). Sie stellen mithin die Gleichgewichtsformen dar, auf die die gesamte Entwicklung der Intelligenz hinstrebt (sie kündigen sich bereits in den sensomotorischen Intelligenzakten des Säuglings oder des Schimpansen im Aufbau des permanenten Gegenstandes und der praktischen „Gruppe“ der Ortsveränderungen an).

2. *Systeme mit vorübergehenden Gleichgewichtszuständen*, die somit durch *Gleichgewichtsverschiebungen* gekennzeichnet und folglich nur *semi-reversibel* oder mehr oder weniger *irreversibel* sind. Auf der Ebene dieser Systeme sind logisch-mathematische Operationen noch unmöglich, doch werden sie durch Regulierungen oder semi-reversible Mechanismen ersetzt (und vorbereitet).[1] Beispiele dafür sind die

[1] Diese erinnern an die in der Physik bekannten Vorgänge der „Moderation“, wie beim Le Chatelier-Prinzip.

Systeme, denen man im Bereich der Wahrnehmung und der vorlogischen Intelligenz begegnet, in denen die nicht-additiv zusammengesetzten „Gestalten" voll zur Wirkung gelangen.
Unter diesen Bedingungen kann man die Intelligenz nun aber nicht mehr als eine Verlängerung der Wahrnehmungsstrukturen auffassen. Die reversible Beweglichkeit der operativen Intelligenz ergibt sich nicht einfach aus einer Lockerung der Gestalten, sondern sie setzt in der Mehrzahl der Fälle eine Art Auflösung dieser Primärgestalten voraus. Der große Unterschied zwischen einem 4–6jährigen und einem 8–10jährigen Kind besteht darin, daß ersteres sich beim Denken auf wahrnehmungsbedingte *Konfigurationen* oder „Gestalten" stützt, während das ältere Kind *Transformationen* reflektiert, die von einer Gestalt zur anderen überleiten. Die Gestalten den Transformationen unterzuordnen heißt nun nicht nur, sich von ersteren zu befreien: es bedeutet, sie in einen Prozeß hineinzunehmen, dank dessen sie eben ihr nicht-additives, irreversibles Wesen verlieren und so verändert werden.
Wertheimer hat in berühmten Analysen versucht, die im Syllogismus wirksam werdenden Klasseninklusionen auf „Gestalten" zu verkürzen und den Schluß des Syllogismus auf eine „Umzentrierung" zurückzuführen, die eine Klasse (oder ein Individuum) aus einer anderen dezentriert, um sie in einer dritten neu zu zentrieren. Mit dieser Interpretation können wir uns jedoch nicht zufriedengeben: Die logische Wahrheit liegt weder in der einen (A ist in B oder B in C enthalten) noch in der anderen *Konfiguration* (A in C), sondern im System der *Transformationen* selbst (A + A' = B; B + B' = C; C – B' = B; B – A' = A usf.). Diese Transformationen sind nun aber keine „Gestalten" mehr, da sie ihrem Wesen nach reversibel (+ und –) und additiv sind. Es ist nicht auszuschließen, daß Wertheimer schließlich diesen Weg beschritten haben würde; in seinem beeindruckenden, posthum von seinen Freunden veröffentlichten Werk[2] spricht er ständig von „grouping" und „operations".

[2] M. Wertheimer, *Productive Thinking*, New York – London 1945.

Doch solange der Dualismus von nicht-additiven und reversiblen Strukturen nicht als grundlegend anerkannt wird, bleiben diese Versuche einer Versöhnung der logischen Formen und der eigentlichen „Gestalten“ irgendwie mißverständlich.
Handelt es sich nun aber bei der Intelligenz um ein operatives Handeln, das zum Aufbau reversibler Strukturen führt und nicht nur um eine Restrukturierung nach mit den Wahrnehmungsstrukturen identischen Gesetzen, so müssen der Intelligenz eine Reihe von Merkmalen zugesprochen werden, die von der gestalttheoretischen Beschreibung offensichtlich etwas vernachlässigt wurden.
Das erste dieser Merkmale ist die eigentlich konstruktive Wirkung der Intelligenz: Indem das Individuum an den Gegenständen „operiert“, erarbeitet es durch sein eigenes Tun Strukturen und ist mithin nicht einfach Schauplatz einer Restrukturierung oder Reäquilibration nach Gesetzen der physischen Gestalt. Andernfalls (diesen Eindruck gewinnt man mitunter bei der Lektüre gewisser gestalttheoretischer Arbeiten) würde uns die gleichzeitige Restrukturierung der Gegenstände und des Individuums innerhalb des sie beide umspannenden „Feldes“ durch den Fortfall der konstruktiven Rolle der Operationen zu einer Art von Empirismus zurückführen, mit dem einzigen Unterschied, daß die Gesamtstrukturen an die Stelle der Assoziationen des alten assoziationistischen Empiriums treten.
Zum anderen können die reversiblen Intelligenzstrukturen ebensowenig mit angeborenen Gestalten gleichgestellt werden. Die Gestalttheoretiker der reifungsorientierten Richtung stellen die „Organisationsgesetze“ der Gestalt häufig als von jedweder Erfahrung unabhängige Strukturierungsbedingungen dar, mit anderen Worten, als angeborene bzw. apriorische Gegebenheiten. Die den Intelligenzstrukturen eigene logische Notwendigkeit ist nun aber nie *vor* der Erfahrung gegeben: Sie steht vielmehr *am Ende* eines Entwicklungsprozesses, der teilweise übungs- und erfahrungsbedingt ist, sie ist also eine *finale* Notwendigkeit, wie etwa die Gleichgewichtsformen (freilich von jedwedem Finalismus frei) und nicht *initial*, wie die angeborenen oder

erblichen Anlagen. Sie ist folglich alles andere als eine „Prägnanz", sofern diese Ergebnis eines Erbvorgangs ist (sie unterscheidet sich im übrigen von jedweder wahrnehmungsbedingten „Prägnanz", und zwar aus den oben genannten Gründen).

In Wirklichkeit ist das Individuum weder ausschließlich von den äußeren Gegenständen (Feldgestalt) noch einzig und allein von seinen Anlagen abhängig, sondern es entwickelt ein Tun, das mit seiner eigenen Geschichte in engem Zusammenhang steht. Die Intelligenzstrukturen sind keine spontanen „Gestalten", sondern Schemata, die sich im Laufe einer kontinuierlichen Entwicklung nach und nach auseinander herleiten. Der assoziationistische Empirismus betrachtete diese Schemata als einfache Resultante der voraufgehenden Erfahrung. Duncker hielt dem zu Recht entgegen, daß das Individuum aus seiner Vergangenheit entnimmt, was es aufgrund der gegenwärtigen Situation benötigt. In Wirklichkeit ist die gegenwärtige Struktur ein Schema, das sich aus vorhergehenden Schemata herleitet und, indem es sie sich einverleibt, gleichzeitig auf sie einwirkt. Damit führt die integrative Auffassung der genetischen und konstruktiven Wirkungsweise der Intelligenz gleichzeitig über die beiden entgegengesetzten Standpunkte (des Empirismus und der Gestalttheorie, A. d. Ü.) hinaus, indem sie der Erfahrung erneut den ihr angemessenen Platz einräumt, ohne jedoch die Gleichgewichtsformen selbst auf sie zu verkürzen.

Schließlich muß dem Intelligenzakt seine Kontroll- und Berichtigungsfunktion zurückgegeben werden (sie kommt häufig durch Probehandeln zum Ausdruck), die mitunter allzu leicht vergessen wird.

Die Theorie der Wahrnehmung

Auf dem Gebiet dieser Primärfunktion hat die Gestaltpsychologie völlig zu Recht mit Nachdruck auf das Vorhandensein irreversibler, nicht-additiv zusammengesetzter Strukturen (Gestalten im engsten Sinne des Wortes) und ihre Organisationsgesetze hingewiesen.

Doch selbst in diesem, ihren Thesen ausgesprochen günstigen Bereich erfaßt die Gestalttheorie nicht die Gesamtheit der Wahrnehmungsgegebenheiten. Es ist zwar zum einen äußerst wahrscheinlich, daß die Wahrnehmungsmechanismen nicht auf einer einzigen Ebene verteilt sind: Es gibt Feldwirkungen oder unmittelbare Interaktionen zwischen gleichzeitig in ihren gegenseitigen Beziehungen wahrgenommenen Einheiten. Auf dieser primären Ebene bewahrt die gestaltpsychologische Beschreibung ihren vollen Aussagewert (wenn sie auch im Hinblick auf die Analyse der Beziehungen weitergeführt werden könnte, ohne daß dadurch den Gestaltgesetzen widersprochen würde). Hingegen gibt es über die Feldwirkungen hinaus eine Reihe von Wahrnehmungstätigkeiten, die diese elementaren Wirkungen in räumlich und zeitlich immer größeren Entfernungen zueinander in Beziehung setzen. Diese Wahrnehmungstätigkeiten gehen nun in zunehmendem Maße über den gestalttheoretischen Rahmen hinaus, da sie in Richtung auf die intelligente Reversibilität zielen.
In einem interessanten Aufsatz meint Révéz[3], die Gestalttheorie müsse im Hinblick auf die taktilen Wahrnehmungen revidiert werden, da diese nicht gleichzeitig erfolgen und ein fortlaufendes In-Bezug-Setzen der aufeinanderfolgenden Gegebenheiten erfordern. Wir haben gemeinsam mit B. Inhelder[4] etwas ähnliches im Hinblick auf die Entwicklung der Stereognosie beim 4–7/8jährigen Kind festgestellt: Während die Kleineren aufgrund ihrer Passivität die Formen nur schlecht erkennen, beobachtet man späterhin die Entwicklung einer zunehmend systematischen Explorationstätigkeit, die bei Formen von mehreren Zentimetern allein die euklidischen räumlichen Merkmale zu unterscheiden erlaubt (im Gegensatz zu den einfachen topologischen Formen).

3 G. Révész, „Zur Revision der Gestaltpsychologie", in *Revue suisse de Psychologie*, Band XII (1953), S. 89–110.

J. Piaget, D. Inhelder, *La représentation de l'espace chez l'enfant*, Paris 1948; dt. *Die Entwicklung des räumlichen Denkens beim Kinde*, Stuttgart 1971, Kap. II.

Diese Explorationstätigkeit ist nun aber keineswegs der taktilen Wahrnehmung vorbehalten. Die Gestalttheoretiker sahen sich somit gezwungen, wohl oder übel anzuerkennen, daß sie auch im visuellen Bereich die Strukturierungen beeinflußt. Sie haben deshalb von einer „analytischen Einstellung" gesprochen (die Analyse ist jedoch keineswegs eine bloße Einstellung, sie ist im eigentlichen Sinne des Wortes eine Tätigkeit). Es fragt sich also, ob eine derartige Tätigkeit noch einfach den Gestaltgesetzen untersteht, oder ob sie sich bereits in unterschiedlichem Ausmaß davon entfernt.

Nehmen wir ein Beispiel: Wir haben in Zusammenarbeit mit Maire und Privat einen Gedanken von dem inzwischen verstorbenen Rubin wiederaufgenommen und die Beständigkeit der guten Gestalten anhand eines mit der Müller-Lyerschen Täuschung kombinierten Rechtecks (dem man an der oberen Seite nach außen gerichtete und an der unteren Seite nach innen gerichtete Pfeile hinzufügt) zwischen 5–6 Jahren und dem Erwachsenenalter untersucht. Anstatt nun den gleichen Prägnanzgrad für alle Alterswerte zu erhalten, wie dies der Theorie entsprochen hätte, beobachteten wir, daß das Rechteck in bezug auf die Werte der Müller-Lyerschen Täuschung bei den Kleineren dreimal unbeständiger ist als beim Erwachsenen. Wir haben es im Fall der guten Gestalt folglich mit zwei verschiedenen Wirkungen zu tun: einer Feldwirkung, die in jedem Alter wirksam ist, die allerdings nur eine einigermaßen „elastische" Gestalt hervorbringt und einem Vergleichseffekt (einem analytischen Effekt) zwischen den Seiten oder Ecken. Letzterer nimmt mit dem Alter an Bedeutung zu und führt allmählich zu einem „Wahrnehmungsschema", das mit Hilfe eines assimilierenden Wiedererkennens und einer assimilierenden Verallgemeinerung und nicht nur durch automatische, voneinander unabhängige Restrukturierungen übertragen werden kann. Dieses Schema ist bei weitem beständiger als die primäre, auf die alleinigen Feldwirkungen gründende gute Gestalt.

Allgemein betrachtet gibt es folglich Wahrnehmungstätigkeiten, die über die Feldwirkungen hinausgehen und die dem entsprechen, was man gemeinhin als Analyse oder Exploration bezeichnet. Sie bestehen in „Übertragungen" im Raum und in der Zeit, in zweifachen Übertragungen oder Vergleichen (Übertragung einer der zu vergleichenden Einheiten auf eine zweite und umgekehrt), in aktiven Transpositionen (oder Übertragung eines Beziehungskomplexes mit Wiedererkennen und Verallgemeinerung), in Vorwegnahmen oder „Einstellungen", in In-Beziehung-Setzen mit immer entfernteren Bezugseinheiten usf.. Diese Wahrnehmungstätigkeit wird durch die Motorik, durch das posturale System bedingt (vgl. die „sensori-tonic field theory" von H. Werner) und steht über die sensomotorischen Schemata in einem immer enger werdenden Zusammenhang mit der Intelligenz.

Der Unterscheidung der Feldwirkungen von jenen der wahrnehmbaren Tätigkeit liegt ein entwicklungspsychologisches Kriterium zugrunde. Während erstere mit zunehmendem Alter geringfügig an Bedeutung verlieren, wird der Stellenwert der letzeren im Laufe der Entwicklung größer. In diesem Sinne scheint uns die entwicklungspsychologische Untersuchung der Wahrnehmungen, an der wir seit zwölf Jahren gemeinsam mit Lambercier arbeiten, der Analyse der Wahrnehmungsmechanismen eine neue Dimension zu eröffnen, während die Suche nach im Laufe der Entwicklung konstant bleibenden Organisationsgesetzen bei der Mehrzahl der Gestalttheoretiker etwas zu einseitig geworden ist (von einigen beachtenswerten Ausnahmen abgesehen, wie z. B. den Arbeiten von Meili) und die Vielfalt der Ebenen, auf denen sich die Wahrnehmung vollzieht, nicht genügend berücksichtigt hat.

Bei den Feldwirkungen oder Primärwirkungen stellt sich nun die Frage, ob dieser Perspektivenwechsel nicht dazu angetan ist, nicht etwa die gestalttheoretische Auffassung von den Organisationsgesetzen und den guten Gestalten zu erschüttern, sondern eine Vertiefung im Sinne einer ausgewogeneren und vor allem eher quantitativen Theorie zu fördern.

Es ist in der Tat erstaunlich, daß die Gestalttheorie, nachdem sie eine ausgezeichnete qualitative Beschreibung der Feldwirkungen geleistet hatte, nicht zur quantitativen Erfassung der Wahrnehmungsverzerrungen und der guten Gestalten gelangte. Man ist nicht weniger überrascht festzustellen, daß sämtliche Merkmale, die die Gestalttheorie der guten Wahrnehmungsgestalt zuschrieb (Einfachheit, Regelmäßigkeit, Symmetrie, Gleichheit, Nähe usf.) wesentliche Merkmale der logisch-mathematischen Strukturen darstellen (die Nähe ausgenommen, die jedoch als Nebeneinander in den topologischen Strukturen wirksam wird). Die gestaltpsychologische Beschreibung war mithin zu allgemein gehalten, um quantitativ (und teilweise selbst qualitativ) zu erfassen, was die primären Strukturen (Feldwirkungen und Wahrnehmungen) von den Strukturen der Intelligenz unterscheidet. Warum aber?

Offenbar deshalb, weil der Begriff der Ganzheit ein gefährlich verlockender Begriff ist: Er ist ein ausgezeichnetes Beschreibungskriterium und scheint auf den ersten Blick Erklärungen liefern zu können, während er in Wirklichkeit für sich genommen nichts zu erklären vermag. Feststellen, und ständig wiederholen, daß „die Teile vom Ganzen verzerrt werden", ist keine Erklärung; es ist ein Programm, sogar ein sehr brauchbares Programm kommender Erklärungen. Die wirkliche Erklärung setzt jedoch erst dann ein, wenn es gelingt, den Teil mit der Gesamtheit der übrigen Teile im Rahmen eines Systems von Beziehungen im eigentlichen Sinne zu verknüpfen. Der alte Assoziationismus ging von den Einzelelementen aus und gelangte zum Ganzen durch Assoziationen zwischen diesen Einzelteilen. Der Gestalttheorie kommt das Verdienst zu, gezeigt zu haben, daß es von vornherein eine Ganzheit gibt; sie hat dieses Ganze jedoch zu stark als eine Art Ursache begriffen, die auf die Teile einwirkt. Es gibt nun eine dritte Auffassung, die im übrigen die zweite in ihren wesentlichen Zügen übernimmt: Demnach besteht das Ganze von vornherein aus einem System von Beziehungen (nicht von Einheiten, sondern von Beziehungen, deren Einheiten von Anbeginn an miteinander zusammenhängen). Diese Beziehungen können damit in ihrer gegenseitigen Abhängigkeit voneinander erforscht und formuliert werden, wodurch man zu quantitativen Gesetzen gelangt.

So haben wir versucht, das Gesetz herauszuarbeiten, mit Hilfe dessen die Maxima und Minima der geometrischen Täuschungen bei Änderung eines Faktors bestimmt werden können; z. B. ein Rechteck, bei dem die Täuschung an Hand einer Seite gemessen wird, die konstant bleibt, während die andere sich ändert; oder die Oppelsche Täuschung, bei der die konstante Länge einer unterbrochenen Linie gemessen wird, während die Zahl der Unterbrechungen sich ändert usf..
Dieses Gesetz[5] läßt sich offenbar durch Auswirkungen der vorstehend beschriebenen Wahrnehmungstätigkeit erklären, ohne den Eigenwert der Feldwirkungen in Frage zu stellen. Um die unter dieses Gesetz fallenden Feldwirkungen deuten zu können, braucht man nur auf einen Mechanismus zurückzugreifen, dessen Wirkung wir zu kontrollieren versucht haben: Jede vom Blick fixierte Einheit (im Falle des Sehens wie in zahlreichen anderen Bereichen) wird allein schon infolge der Zentrierung als solcher überschätzt, während die nicht zentrierten Einheiten dem zentrierten Element gegenüber ihren Wert ändern, wobei die entsprechende Über- oder Unterschätzung sich proportional zur Größe der jeweiligen Einheit verhält. Mit Hilfe dieses Effekts lassen sich nun die Kontrastwirkungen zwischen zwei ungleichen Größen (sofern diese Ungleichheit über den Wert der zentrierungsbedingten Überschätzung hinausgeht) wie auch der Gleichheitseffekt zwischen zwei benachbarten Größen (wenn die Ungleichheit unter diesem Wert liegt) erklären. Deshalb ist die Differenz zwischen zwei zu vergleichenden Hauptgrößen ($L_1 - L_2$) ein wesentlicher Faktor der geometrischen Täuschungen.
Neben diesen Zentrierungswirkungen, die – wie gesagt – für die Feldwirkungen grundlegend sind, gibt es Dezen-

[5] Vgl. *Proceedings and papers of the Thirteenth International Congress of Psychology at Stockholm*, 1951, S. 197. Das Gesetz stellt sich folgendermaßen dar:

$$P = \frac{(L_1 - L_2) \times n(L_2 / L_{max})}{S}$$, wobei L_1 die größte der zu vergleichenden Längen, L_2 die kleinste, L_{max} die Gesamtlänge der Figur, n die Anzahl der L und S die Oberfläche. P entspricht dem relativen Wert der Täuschung.

trierungseffekte, die darin bestehen, daß mehrere aufeinanderfolgende Zentrierungen zueinander in Beziehung gesetzt werden, die zu einer Reihe von Ausgleichungen führen (hier liegen die Funktionen L_2/L_{max} und 1/S begründet, die ebenfalls in der quantitativen Formulierung der Täuschungen enthalten sind). Diese Dezentrierung ist nun bereits ein Anfang wahrnehmungsmäßigen Handelns. Deshalb konnten wir weiter oben behaupten, daß das Studium der in den Feldwirkungen wirksam werdenden Beziehungen im Rahmen der allgemeinen Wahrnehmungstätigkeit anzusiedeln ist, sobald man diesem Studium die detaillierte, quantitative Zerlegung dieser Beziehungen zugrundelegt.
Doch wollen wir an dieser Stelle das Ergebnis unserer Untersuchungen zu diesen komplexen Fragen nicht im einzelnen ausführen: Unser Ziel ist ganz einfach zu zeigen, daß man durchaus von den der Gestalttheorie eigenen Begriffen des Gleichgewichts und der Ganzheit ausgehen, im Bereich der Wahrnehmung den Begriff der irreversiblen, nicht additiv zusammengesetzten Ganzheiten aufrechterhalten und doch die Analyse weiterführen kann, indem man einen gleichzeitig relativistischen und quantitativen Standpunkt bezieht. Es muß hinzugefügt werden, daß jede quantitative Analyse in diesem Bereich zu einer probabilistischen Zusammensetzung der Wahrnehmungsstrukturen führt und diese probabilistische Eigenschaft der Wahrnehmung im Gegensatz zu der den logisch-mathematischen Strukturen eigenen immanenten Notwendigkeit zweifelsohne den Unterschied zwischen den irreversiblen, nichtadditiven und den reversiblen Strukturen erklärt.
Abschließend können wir mithin festhalten, daß der Gestalttheorie vieles für die derzeitige Erforschung der Intelligenz und der Wahrnehmung entnommen werden kann. Doch muß der gestalttheoretische Ansatz durch andere Strukturen ergänzt werden, wie wir dies im Hinblick auf die reversiblen Strukturen der Intelligenz getan haben. Allerdings sind wir der Auffassung, daß man sich damit keineswegs von den grundlegenden Ausgangshypothesen der ersten gestalttheoretischen Arbeiten entfernt; man ist ihnen in gewissem Sinne näher als die Gestalttheoretiker selbst.

Tatsächlich bedeutet der Rückgriff auf den Gleichgewichtsbegriff nicht nur, daß man sämtliche Gleichgewichtsformen in Betracht zieht und nicht bloß jene besonderen Formen, die die Gestalt im engsten Sinne ausmachen. Er impliziert darüber hinaus und vor allem, daß man den Begriff der Reversibilität voll ausschöpft, denn das Gleichgewicht wird eben durch die Reversibilität definiert! Ob man derartige Versuche als dem Geist der Gestalttheorie zuwiderlaufend verurteilt, wie es einige rechtgläubige Vertreter der Schule getan haben, oder sie „neo-gestalttheoretisch" nennt, wie es unser Freund Meili tat, ist dabei unwichtig, uns lag nur daran, zum Abschluß dieser Betrachtungen unsere Verpflichtung einer Lehre gegenüber zum Ausdruck zu bringen, die die zeitgenössische Psychologie grundlegend beeinflußt hat und der unabhängige Forscher und Vertreter der Schule gleichermaßen verpflichtet sind.

8. Notwendigkeit und Bedeutung der vergleichenden Forschung in der Entwicklungspsychologie

Man bezeichnet als Entwicklungspsychologie die Erforschung der Entwicklung der geistigen Funktionen, insofern diese Entwicklung Aufschluß oder zumindest weiterführende Informationen über ihre Funktionsweise im Endzustand gibt. Mit anderen Worten, die Entwicklungspsychologie besteht darin, die Kinderpsychologie in den Dienst der Bewältigung allgemeiner psychologischer Probleme zu stellen.

So gesehen ist die Kinderpsychologie ein unersetzliches Forschungsinstrument, eine Tatsache, der man sich heute in zunehmendem Maße bewußt wird. Doch hat man weit seltener erkannt, daß sie für die Soziologie einen ähnlichen Stellenwert haben könnte. Auguste Comte vertritt zu Recht die Auffassung, daß eines der wichtigsten Phänomene der menschlichen Gesellschaften der bildende Einfluß einer jeden Generation auf die jeweils folgende ist, woraus Durkheim den kollektiven Ursprung der moralischen Wertempfindungen, der juristischen Normen, ja, der Logik herleitet. Nun gibt es nur eine experimentelle Methode, um derartige Hypothesen zu verifizieren: das Studium der Sozialisierung des Individuums, d. h. die Analyse seiner Entwicklung entsprechend den besonderen oder allgemeinen sozialen Einflüssen, denen es im Laufe seines Wachstums ausgesetzt ist.

Jede vergleichende Untersuchung, die es mit verschiedenen Kulturkreisen und unterschiedlichen gesellschaftlichen Bedingungen zu tun hat, macht es notwendig, von Anbeginn an die Frage nach der Abgrenzung der durch die spontane interne Entwicklung des Individuums bedingten Faktoren von den spezifisch kollektiven oder kulturellen Faktoren der jeweiligen Gesellschaft zu stellen. Diese Abgrenzung ist nicht zu umgehen und fördert mitunter unerwartete Ergebnisse zutage. Auf dem Gebiet der Psychologie der Affekte

z. B. lieferten die ersten Lehren Freuds ein Modell der endogenen Entwicklung des Individuums. Der endogene Charakter der Entwicklung wurde so sehr betont, daß die verschiedenen Stadien, insbesondere das der „ödipalen" Reaktionen, im wesentlichen als Ausdruck aufeinanderfolgender Manifestationen ein und desselben „Triebs", d. h. innerer Strebungen dargestellt wurden, die von der Gesellschaft als solcher unabhängig sind. Wie bekannt, vertritt demgegenüber eine Gruppe sogenannter „kulturalistischer" Psychoanalytiker (E. Fromm, K. Horney, Kardiner, Glover usf., denen sich Anthropologen wie R. Benedict und M. Mead angeschlossen haben) heute die Hypothese einer engen Abhängigkeit der verschiedenen Freudschen Komplexe, insbesondere der ödipalen Strebungen, von der gesellschaftlichen Umwelt.

Die Entwicklungsfaktoren

Im Bereich der kognitiven Funktionen, mit dem allein wir uns hier beschäftigen wollen, liegt der wesentliche Vorteil der vergleichenden Methode darin, daß sie die Trennung von individuell bedingten und kollektiven Entwicklungsfaktoren gewährleistet. Gleichwohl müssen zunächst einige notwendige Unterscheidungen hinsichtlich der relevanten Faktoren getroffen werden.

1. *Die biologischen Faktoren.* Da sind zunächst die biologischen Faktoren, die an das „epigenetische System" (Wechselwirkung zwischen dem Genom und der physischen Umwelt im Laufe des Wachstums) gebunden sind und insbesondere durch die Reifung des Nervensystems zum Ausdruck kommen. Diese Faktoren, die offenbar überhaupt nicht von den gesellschaftlichen Umständen beeinflußt werden, sind noch wenig erforscht, ihre Bedeutung für die Entwicklung der kognitiven Funktionen scheint nichts destoweniger entscheidend zu sein. Ihr Einfluß muß mithin als mögliche Variable im Auge behalten werden. So impliziert die Entwicklung eines „Epigenotyps" biologisch gesehen das Vorhandensein „sequenzartiger" Stadien (wo-

bei das eine in einer konstanten Abfolge für das folgende notwendig ist), „Kreoden" (notwendige Verzweigungen in der Entwicklung eines jeden Sektors) sowie einer „Homöorhesis" (kinetisches Gleichgewicht, so daß eine Abweichung von den „Kreoden" mehr oder weniger ausgeglichen wird und tendenziell die Rückkehr in die normale Bahn erfolgt). Diese Merkmale glauben wir nun in der Entwicklung der logisch-mathematischen Operationen und Strukturen der Intelligenz wiedergefunden zu haben; sollte diese Hypothese zutreffen, so würde das freilich eine gewisse Konstanz oder Gleichförmigkeit der Entwicklung unabhängig von den gesellschaftlichen Bedingungen implizieren. Demgegenüber würde eine Verkehrung der Stadienfolge bzw. tiefgreifende Veränderungen ihrer Merkmale von einer Gesellschaft zur anderen beweisen, daß diese biologischen Grundfaktoren nicht in die kognitive Entwicklung des Individuums hineinspielen. Hier stellt sich somit eine erste grundlegende Frage, zu deren Lösung umfassende vergleichende Untersuchungen erforderlich sind.

2. *Der Faktor der Handlungsäquilibration.* Die Untersuchung der Entwicklung der geistigen Operationen in den kulturell hochentwickelten Ländern, in denen unsere Untersuchungen der Stadien wiederholt wurden, zeigt nun aber zweifelsfrei, daß die psychobiologischen Faktoren keineswegs allein am Werke sind. Hätten wir es nämlich nur mit einem fortlaufenden Einfluß der inneren Reifung auf Organismus und Nervensystem zu tun, so verliefe die Stadienabfolge nicht nur in einer festen Abfolge, sondern wäre darüberhinaus chronologisch einigermaßen beständig, wie dies bei der Koordinierung von Sehen und Greifen mit 4–5 Monaten oder dem Einsetzen der Pubertät der Fall ist. Stattdessen findet man je nach Individuum und familiärem, schulischem und gesellschaftlichem Milieu im allgemeinen bei Kindern ein und derselben Stadt oft beachtliche zeitliche Verschiebungen, die der Reihenfolge der Stadien nicht zuwiderlaufen, die jedoch zeigen, daß zu den epigenetischen Mechanismen andere Faktoren hinzukommen.

Folglich muß eine zweite Gruppe von Faktoren in Betracht gezogen werden, deren mögliche Beziehungen zum gesellschaftlichen Leben zunächst dahingestellt bleiben müssen, denen jedoch grundsätzlich die allgemeinen sowohl psychobiologisch als auch kollektiv bedingten Verhaltensweisen zugrundeliegen: Es sind dies die Äquilibrationsfaktoren, im Sinne von Selbstregulierungsmechanismen, die mithin der Homöostasie näherstehen als der Homöorhesie. Die Entwicklung des Individuums ist in der Tat durch eine Vielzahl von Tätigkeiten bedingt, wie sie in der Übung, der Erfahrung oder dem Einwirken auf die Umwelt usf. zum Ausdruck kommen. Diese Handlungen erfahren laufend spezifische oder zunehmend allgemeinere Koordinierungen. Sie setzen verschiedene Selbstregulierungs- oder Äquilibrationssysteme voraus, die gleichermaßen von den äußeren Umständen wie den epigenetischen Anlagen abhängen. Dabei können die intelligenten Operationen selbst als die höheren Formen derartiger Regulierungen aufgefaßt werden, was gleichzeitig für die Bedeutung des Äquilibrationsfaktors und seine relative Unabhängigkeit von den biologischen Vorbildungen spricht.

Zum anderen können die Äquilibrationsfaktoren als sehr allgemein und relativ unabhängig von der spezifischen sozialen Umwelt betrachtet werden, doch auch diese Hypothese bedarf der vergleichenden Verifikation. Diese Art der Äquilibration kann man u. a. bei der Bildung der Invarianzbegriffe beobachten, deren Stadien in unseren Gesellschaften nicht nur eine sequentiale Abfolge aufweisen, sondern darüber hinaus Ausgleichssysteme beinhalten, deren Merkmale für diese stufenweisen Regulierungen sehr typisch sind. Findet man die einzelnen Stadien nun überall? Wenn ja, so hätte man, wenn auch noch nicht die Verifikation der Hypothese, so zumindest einen recht einschlägigen Hinweis. Wenn nicht, so wäre der Einfluß spezifischer, veränderlicher kultureller und erzieherischer Umstände nachgewiesen.

3. *Die interindividuelle Koordination als gesellschaftlicher Faktor.* Was die gesellschaftlichen Faktoren anbelangt, so muß zunächst eine grundlegende Unterscheidung getroffen werden, die nicht weniger bedeutsam ist, als die der epigenetischen Anlagen und der im Laufe des Handelns

wirksam werdenden Regulierungen und Äquilibrationen. Nämlich die Unterscheidung von gesellschaftlichen (oder interindividuellen) Interaktionen oder Koordinationen, die allen Gesellschaften gemein sind und einzelnen kulturellen und erzieherischen Vermittlungen oder Bildungsprozessen, die von einer Gesellschaft zur anderen, von einem sozialen Milieu zum anderen verschieden sind.

Ob es sich um Kinder aus Genf oder Paris, New York oder Moskau, aus den Bergen des Iran, aus dem Herzen Afrikas oder von einer Pazifik-Insel handelt, man beobachtet allenthalben ein bestimmtes gesellschaftliches Austauschverhalten, sei es bei den Kindern untereinander oder zwischen Kindern und Erwachsenen, das durch seine Funktionsweise selbst, d. h. unabhängig vom Inhalt der erzieherischen Vermittlung wirksam wird. Welches gesellschaftliche Milieu man auch immer betrachtet, die Menschen tauschen Informationen aus, arbeiten zusammen, diskutieren, widersprechen einander usf., und dieser beständige interindividuelle Austausch begleitet die gesamte Entwicklung in Form eines Sozialisationsprozesses, der sowohl das gesellschaftliche Leben der Kinder untereinander als auch ihre Beziehungen mit Heranwachsenden oder Erwachsenen umfaßt. So wie Durkheim sich auf allgemeine gesellschaftliche Mechanismen berief, als er die These vertrat, daß „es unterhalb der Kulturen die Kultur gibt", so ist es für die Erforschung der Beziehungen zwischen kognitiven Funktionen und gesellschaftlichen Faktoren unerläßlich, zunächst einmal die „allgemeinen Koordinationen" des kollektiven Handelns den spezifischen kulturellen Vermittlungen gegenüberzustellen, die sich in jeder Gesellschaft verschieden herauskristallisiert haben. Würde man nun unsere Stadien und Ergebnisse in allen untersuchten Gesellschaften wiederfinden, so würde dies durchaus noch nicht beweisen, daß die Entwicklung rein individueller Natur ist. Da das Kind offenbar überall vom zartesten Alter an gesellschaftlichen Kontakten ausgesetzt ist, würde es darüber hinaus zeigen, daß es gewisse gemeinsame Sozialisationsprozesse gibt, die die weiter oben betrachteten Äquilibrationsprozesse überlagern.

Ja, diese Überlagerungen sind sogar so wahrscheinlich und offensichtlich so eng, daß man von vornherein die Hypothese aufstellen kann – sie wäre von zukünftigen Vergleichsstudien zu erhärten oder zu entkräften –, daß zumindest im Bereich der kognitiven Funktionen die allgemeine Koordination der Handlungen, deren fortschreitende Äquilibration für die Bildung der logischen und logisch-mathematischen Operationen konstitutiv zu sein scheint, aller Wahrscheinlichkeit nach sowohl die kollektiven oder interindividuellen Handlungen als auch die individuellen Handlungen betrifft. Anders ausgedrückt, ob es sich um individuell vollzogene Handlungen oder um gemeinsam vollzogene mit Austausch, Zusammenarbeit, Widerspruch usf. handelt, stets findet man dieselben Koordinierungs- und Regulierungsgesetze wieder, die in dieselben operativen oder kooperativen (im Sinne von Ko-Operationen) Endstrukturen münden. Insofern könnte man die Logik, verstanden als Endform der Äquilibrationen, für gleichzeitig individuell und sozial ansehen; individuell, insofern sie allen Individuen gemeinsam ist, sozial, insofern sie allen Gesellschaften gemeinsam ist.

4. *Die Faktoren der erzieherischen und kulturellen Vermittlung.* Neben diesem funktionellen, zum Teil synchronischen Kern, der allerdings der Fortbildung und Fortentwicklung fähig ist und den interindividuellen Austausch charakterisiert, darf man freilich nicht den vorwiegend diachronischen Faktor außer acht lassen, wie er uns in den von einer Gesellschaft zur anderen verschiedenen kulturellen Traditionen und erzieherischen Vermittlungen gegenübertritt. Eben diese jeweils verschiedenen sozialen Zwänge hat man im allgemeinen im Auge, wenn man von „gesellschaftlichen Faktoren" spricht. An diese Gruppe von Faktoren, die sich von der vorhergehenden Kategorie unterscheiden, und vor allem an die verschiedenen Sprachen, die einen mehr oder weniger starken Einfluß, wenn nicht auf die Operationen selbst, so doch auf die einzelnen Begriffsinhalte (Inhalt der Klassen, Beziehungen usf.) ausüben, müssen wir freilich auch in unserem Fall denken, insofern nämlich, als die Erkenntnisvorgänge von einer Gesellschaft zur anderen verschieden sein können.

Die vergleichende Forschung auf dem Gebiet der Erkenntnisvorgänge

Nachdem nun diese Unterteilung in vier Kategorien von Faktoren, je nach den allgemeinen Typen von Beziehungen zwischen Individuum und gesellschaftlicher Umwelt feststeht, wollen wir in großen Zügen den Stellenwert der vergleichenden Untersuchungen für unsere Kenntnis der kognitiven Vorgänge herausarbeiten. Das Hauptproblem ist dabei die Art der Denkoperationen, insbesondere der logisch-mathematischen Strukturen. Hier bieten sich eine Reihe von Hypothesen an, die sich u. a. mit den vier zuvor aufgezeichneten Faktoren decken, wobei eventuell weitere Unterscheidungen ins Auge zu fassen sind.

Biologische Faktoren und Faktoren der Handlungskoordination. Einer ersten Auslegung zufolge können sie, wenn auch nicht als angeboren, so doch zumindest als von ausschließlich biologischen Faktoren epigenetischer Natur (Reifung etc.) bedingt angesehen werden. In diese Richtung zielen die Arbeiten von K. Lorenz, einem der Begründer der zeitgenössischen Ethologie, der das Vorhandensein apriorischer Kenntnisse postuliert, die er im Sinne von Instinkten deutet.

Aus der Sicht der Befunde bereits abgeschlossener oder noch ausstehender Vergleichsstudien sind zwei Fragen zu unterscheiden: a) Wird man immer dieselben Stadien antreffen, freilich unter dem Vorbehalt eventueller Korrekturen oder Verbesserungen der zur Zeit bekannten Schemata? b) Wird man sie immer im gleichen Durchschnittsalter vorfinden? Um diese zwei Fragen beantworten zu können ist es nützlich und notwendig, daß man über Bezugsdaten verfügt. Wir erhalten sie durch den Vergleich der Entwicklung der Reaktionen auf die operativen Aufgaben (Erhaltung, Klassifizierung und Inklusion, zahlenmäßige Zuordnungen usf.) mit der altersmäßigen Entwicklung der Reaktionen auf einfache Denkaufgaben, wie man sie z. B. bei der Ermittlung des Intelligenzquotienten benutzt.

Die vergleichende Forschung steht hier jedoch erst in den Anfängen. In Anbetracht des erforderlichen Datenmaterials sowie der zahlreichen u. a. sprachlichen Schwierigkeiten, ganz zu schweigen von der zwangsläufig langwierigen Einarbeitung in die Untersuchungsmethoden, deren Anwendung auf operative Handlungsweisen besonders heikel ist, wäre es deshalb sehr unvorsichtig, bereits jetzt Schlüsse ziehen zu wollen. Doch haben die ersten Arbeiten bestimmte Ergebnisse erbracht, die, wenn sie sich als generalisierbar herausstellen sollten, eine gewisse Linie der Deutung erkennen lassen.

So hat Mohseni (1960) Schulkinder aus Teheran und junge Analphabeten vom Lande mit Hilfe von Erhaltungstests zum einen und Leistungstests (Porteus, graphische Tests usf.) zum anderen untersucht. Er gelangte bei 5- bis 6jährigen Kindern im wesentlichen zu folgenden Ergebnissen: a) Ob in der Stadt oder auf dem Land, im Iran oder in Genf, man findet in großen Zügen dieselben Stadien (hinsichtlich der Reihenfolge der drei Erhaltungsbegriffe) wieder. b) Bei den operativen Aufgaben beobachtet man eine systematische Verschiebung um zwei bis drei Jahre zwischen Land- und Stadtkindern, erhält hingegen in Teheran und Europa dieselben Alterswerte. c) Der Entwicklungsrückstand der Landkinder[1] ist bei den Leistungstests größer – er beträgt eher fünf als vier Jahre –, so daß die Dorfkinder ohne die operativen Tests als geistesschwach erscheinen würden.

Sollten diese Ergebnisse sich anderswo bestätigen, so würden sich folgende Hypothesen ergeben:

a) Eine umfassende Verifikation der Beständigkeit der Stadienreihenfolge würde auf ihren sequenzartigen Charakter, im oben genannten Sinne, verweisen. Bisher scheint sich diese Beständigkeit bestätigt zu haben – in Hongkong nach Goodnow (1962), in Aden nach Hyde (1959), auf Martinique nach Boisclair, in Südafrika nach Price-Williams (1961) –, doch ist selbstverständlich eine Reihe weiterer Daten erforderlich. Sollte man tatsächlich von einer geord-

[1] Die Schulkinder aus Teheran haben einen ein- bis zweijährigen Rückstand gegenüber den europäischen und amerikanischen Kindern.

neten Reihenfolge sprechen können, ergäbe sich eine Analogie zur epigenetischen Entwicklung im Sinne Waddingtons und folglich würde sich der erste Faktor, den wir weiter oben abgegrenzt haben, aller Wahrscheinlichkeit nach als relevant erweisen. Doch inwieweit? Um sich mit Sicherheit auf die biologischen Faktoren der Reifung berufen zu können, müßte man nicht nur die geordnete Reihenfolge der Stadien, sondern darüber hinaus bestimmte chronologisch feste Altersmittelwerte für das Einsetzen der Stadien nachweisen können. Dem stehen jedoch die Ergebnisse Mohsenis entgegen, die einen systematischen Rückstand der Landkinder gegenüber den Stadtkindern zeigen, was freilich darauf hinweist, daß andere Faktoren als die der Reifung im Spiel sind.
Hingegen ließe sich auf dem Gebiet der Vorstellung (des Denkens) allenthalben ein und dasselbe Datum wiederfinden, nämlich das des Einsetzens der semiotischen oder Symbolfunktion, das hierzulande zwischen ein und zwei Jahren angesetzt werden kann: Beginn des Phantasiespiels, der geistigen Bilder usf., insbesondere die Entwicklung des Sprachvermögens. Die semiotische Funktion wird offenbar durch die Verinnerlichung möglich: Sie stellt auf der sensomotorischen Ebene bereits eine Art handlungsmäßiger Vorstellung dar, insofern sie die motorische Abbildung einer Vorlage ist, so daß ihre Verlängerung zunächst in der verschobenen Nachahmung, sodann in der verinnerlichten Nachahmung die Entwicklung von bildhaften Vorstellungen usf. ermöglicht. Diese Vorgänge der verschobenen Reaktionen und später der Verinnerlichung setzen freilich bestimmte neurologische Bedingungen voraus, wie z. B. das vorzeitige Blockieren bestimmter Handlungen in spezifischen Synapsen. Eine vergleichende Untersuchung der sensomotorischen Formen der Nachahmung wie der Zeitpunkte des Eintretens der semiotischen Funktion in der Folge der verschobenen Nachahmung könnte u. U. gewisse chronologische Übereinstimmungen nicht nur in der Reihenfolge der Stadien, sondern darüber hinaus auch hinsichtlich des Zeitpunkts, an dem die verschiedenen Stadien einsetzen, ergeben: In diesem Fall kämen wir den mög-

lichen Reifungsfaktoren, die mit dem epigenetischen System im Zusammenhang stehen (Einfluß der zentralen Sprachfelder usf.) ein Stück näher.

b) Das zweite eindeutige Ergebnis der von Mohseni durchgeführten Untersuchungen ist der weitgehend systematische Rückstand der Landkinder gegenüber den Kindern aus Teheran, und dies sowohl im Fall der operativen (Erhaltungs-) als auch der Leistungstests. Diese zeitliche Verschiebung weist eindeutig auf den Einfluß anderer Faktoren als der der reinen biologischen Reifung hin.

Doch haben wir hier die Wahl zwischen den drei unter 2, 3 und 4 behandelten Faktorengruppen, nämlich den Faktoren des Handelns und der Äquilibration der Handlungen, den Faktoren der allgemeinen interindividuellen Interaktion und schließlich denen der spezifischen erzieherischen und kulturellen Vermittlung. Tatsächlich könnte jeder dieser Faktoren in Frage kommen. Was Faktor 2 anbelangt, so hat Mohseni einen erstaunlichen Mangel an Aktivität bei den Landkindern festgestellt, die im allgemeinen nicht nur ohne Schule auskommen müssen, sondern darüber hinaus keinerlei Spielzeug besitzen, sieht man von Steinchen und Holzstückchen ab, und die sich durchgehend passiv und apathisch verhalten. So findet man gleichzeitig schwach entwickelte individuelle (Faktor 2) und interindividuelle (Faktor 3) Handlungskoordinationen sowie eine geringe Entfaltung der erzieherischen Vermittlung, die auf Grund des Analphabetentums zwangsläufig begrenzt ist (Faktor 4). Wir haben es hier folglich mit dem Zusammenspiel dieser drei Faktorengruppen zu tun. Wie lassen sie sich nun aber voneinander abgrenzen?

c) Eben in dieser Frage ist das dritte von Mohseni erzielte Ergebnis aufschlußreich: Trotz ihrer bedauernswerten Lage schneiden die Landkinder bei den operativen Aufgaben besser ab als bei den Leistungstests. Während sie allein auf der Grundlage der Intelligenztests als schwachsinnig oder gar als Idioten betrachtet werden müßten, liegen sie bei den Erhaltungstests nur um 2–3 Jahre hinter den Teheraner Kindern zurück. Auch hier läßt sich freilich nicht verallgemeinern, solange wir nicht über umfangreiche Daten aus

verschiedenen Schichten verfügen. Inwieweit diese Fragestellungen von wissenschaftlichem Interesse sind und wie vielfältig die noch offenen Probleme sind, zeigt jedoch die Untersuchung, die Boisclairs in Zusammenarbeit mit Laurendeau und Pinard auf Martinique mit Schulkindern begonnen hat, die alles andere als Analphabeten sind; sie werden nach dem französischen Lehrplan für Volksschulen unterrichtet und weisen nichtsdestoweniger einen etwa 4jährigen Rückstand bei den wichtigsten operativen Aufgaben auf. In diesem Fall scheint der Rückstand offensichtlich eher auf die allgemeinen Merkmale der gesellschaftlichen Interaktionen (Faktor 3 in Verbindung mit 2) und nicht so sehr auf mangelnde erzieherische Vermittlung (Faktor 4) zurückzuführen zu sein.
Im Falle des Iran scheint der aufschlußreiche Vorsprung bei der erfolgreichen Bewältigung der Erhaltungsaufgaben – Zeichen operativen Vorgehens – gegenüber den sonstigen Leistungen auf einen qualitativen Dualismus zwischen den relativ allgemeinen, für intelligentes Handeln als solches notwendigen Koordinationen und dem spezifischeren, für besondere Aufgaben notwendigen Wissen zu verweisen. Dies könnte uns im Falle weiterer ähnlicher Ergebnisse veranlassen, Faktor 2 und 3 gemeinsam (allgemeine Koordinationen der Handlungen, ob individueller oder nicht-individueller Art) von Faktor 4 (Vermittlung und Erziehung) zu unterscheiden. Mit anderen Worten, bei operativen Aufgaben würden deshalb bessere Ergebnisse erzielt, weil sie auf die unerläßliche Bedingung jedweder Intelligenz gründen: unerläßlich, insofern sie das Ergebnis fortscheitender Äquilibration und nicht etwa biologische Vorbedingungen sind, wohingegen die übrigen Leistungen aufgrund spezifischer, und in diesem besonderen Fall besonders unzureichend entwickelter kultureller Faktoren, Rückstände aufweisen würden.
Dies sind in großen Zügen einige der möglichen Schlüsse, die wir aus vergleichenden Befunden, wie sie Mohseni zusammengetragen hat, ziehen könnten, unter der Voraussetzung allerdings, daß sie weiter ergänzt werden. Doch handelt es sich dabei wirklich nur um die großen Linien. Es ist nun an

der Zeit, die Rolle der unter 3 und 4 fallenden gesellschaftlichen Faktoren im einzelnen zu betrachten.

Erzieherische Vermittlung als gesellschaftlicher Faktor. Lassen sich die operativen Strukturen in Übereinstimmung mit unserer Hypothese nun nicht durch allgemeine Gesetze der Handlungskoordinationen erklären, so sind begrenztere Faktoren ins Auge zu fassen, wie z. B. der erzieherische Einfluß der Erwachsenen, wie er bei der Bildung der moralischen Werte und der Sprache selbst wirksam wird (bei letzterer im Sinne einer Kristallisation von Syntax und Semantik, die strukturell gesehen bereits eine Logik beinhalten).

a) Die Hypothese eines erzieherischen Einflusses des Erwachsenen ist sicher teilweise zutreffend, denn selbst im Hinblick auf die allgemeinen materiellen oder operativ verinnerlichten Handlungskoordinationen kann der Erwachsene dem Kind, dem er voraus ist, helfen und seine Entwicklung im Rahmen des familiären und schulischen Erziehungsvorgangs beschleunigen. Doch fragt es sich, ob allein dieser Faktor relevant ist. Diese Auffassung vertrat zumindest Durkheim, für den sich Logik, Moral und Recht aus der Gesamtstruktur der Gesellschaft herleiten und sich dem Individuum dank gesellschaftlicher und erzieherischer Zwänge aufdrängen. Sie wird teilweise auch von Bruner (1964) vertreten, der, allerdings im Blick auf wenig verschulte, den amerikanischen Lernmodellen verwandtere Erziehungspraktiken, postulierte, daß man in jedem Alter alles lernen könne, vorausgesetzt, man gehe dabei angemessen vor.

Was die Perspektive Durkheims anbelangt, nicht die von Bruner, die mehr auf eine experimentelle Überprüfung[2] als auf Vergleichsstudien hinausläuft, so scheinen etwa die Befunde, die von den kanadischen Psychologen für Martinique ermittelt wurden, darauf hinzuweisen, daß ein normaler Schulbesuch nach französischem Lehrplan – was hier den Vergleich erleichtert – nicht ausreicht, um eine normale Entwicklung der operativen Strukturen zu gewährleisten,

[2] Sie wird zur Zeit von Inhelder und Bovet in Genf vorgenommen. Bisher wurden die Brunerschen Hypothesen alles andere als bestätigt.

denn wir beobachten hier einen 3- bis 4jährigen Rückstand gegenüber Kindern anderer Kulturkreise. Doch auch hier müssen wir uns vor voreiligen Schlüssen hüten: u. a. wären der familiäre und der schulische Einfluß voneinander zu unterscheiden. Wir können also nicht mehr sagen, als daß die vergleichende Methode in dieser wie in anderen Fragen dazu angetan ist, die gesuchten Lösungen zu liefern.

b) Was die schwierige Frage der Interaktion der Sprache mit der Entwicklung der Operationen anbelangt, so sehen wir dank der Untersuchungen von Sinclair über die Sprachentwicklung beim Kinde sowie der Arbeiten von Inhelder und Sinclair zur Rolle der Sprache in den Versuchen zur Erlernung der operativen Strukturen etwas klarer.

Wir wollen hier nicht näher auf die Methoden und Ergebnisse eingehen – sie werden an anderer Stelle beschrieben –, sondern uns darauf beschränken, die Perspektiven aufzuzeigen, die die Untersuchungen von Sinclair in komparativer Sicht eröffnen. Erinnern wir z. B. an das Experiment mit zwei Kindergruppen, von denen die ältere die Invarianzstrukturen (und die expliziten Argumente) eindeutig beherrscht, während die jüngere der Erhaltung ebenso eindeutig nicht fähig ist. Man bittet nun die Versuchspersonen dieser beiden Gruppen eine Beschreibung zu geben, und zwar nicht etwa des Materials, mit Hilfe dessen die Vorabklärungen in bezug auf den Invarianzbegriff vorgenommen wurden, sondern von bestimmten Gegenständen, die Personen zugeordnet werden, die durch Puppen verkörpert sind (ein kurzer, dicker und ein langer, dünner Bleistift, mehrere kleine Kugeln, eine kleinere Anzahl größerer Kugeln usf.). Dabei beobachtet man, daß die benutzte Ausdrucksweise hinsichtlich der Formulierung des Vergleichs sich in den zwei Gruppen einhellig unterscheidet: während sich diejenigen, die noch nicht im Besitz des Invarianzbegriffs sind, vor allem mit Hilfe von „Skalaren" (vgl. Bull) („groß", „klein", „viel", „wenig" usf.) ausdrücken, verwenden diejenigen, die die operative Stufe erreicht haben, „Vektoren" („mehr" und „weniger" usf.). Darüber hinaus unterscheidet sich die Ausdrucksstruktur, je nachdem, ob sie binär („dieser ist länger und dünner") oder quaternär ist („hier ist der eine dick und der andere dünn", „dort ist der eine lang und der andere kurz"). Folglich korrelieren operative Handlungsweise und Sprache stark; doch in welchem Sinn? Die lerntheoretischen Versuche, die für uns hier nicht unmittelbar relevant sind, ergeben, daß man, wenn man Versuchspersonen der nicht-operativen Stufe dazu bringt, die Ausdrücke ihrer älteren Kameraden zu verwenden, nur unbedeutende Fortschritte im Sinne operativen Handelns erhält (nämlich in einem von zehn Fällen). Dabei bleibt übrigens zu bestimmen, ob es sich um eine Auswirkung der Sprache als solcher oder vielmehr um den Einfluß der analytischen Übungen handelt, die das Lernen nach sich zieht, bzw. ob gewisse Fortschritte nicht auch ohne diesen Lernvorgang eingetreten wären, nämlich aufgrund einer allgemein handlungsbedingten Entwicklung der Schemata. Es sieht mithin so aus, als seien es die Operationen, die zur Strukturierung der Sprache führten und zwar durch Selektion der vorhandenen sprachlichen Möglichkeiten, und nicht umgekehrt.

Man erkennt auf Anhieb den Wert weiterer derartiger Versuche für verschiedene Sprachen. Sinclair gelangte für das Französische und Englische zu den gleichen Ergebnissen. Doch bleiben zahlreiche andere Sprachen zu untersuchen. Im Türkischen z. B. gibt es nur einen Vektor, der unserem „noch" entspricht. So sagt man anstatt „mehr" „noch viel" und „noch wenig" statt „weniger". Zweifellos wird man in anderen Sprachen zahlreiche andere Kombinationen finden. In diesem Fall wäre es ausgesprochen interessant, die zeitliche Entwicklung der operativen Strukturen für die verschiedenen Sprachen zu untersuchen und die Experimente von Sinclair mit Kindern verschiedener Entwicklungsstufen wieder aufzunehmen. Würde sich dabei herausstellen, daß die Denkstrukturen trotz der sprachlichen Unterschiede dieselben sind, so spräche dies für das Vorhandensein von Faktoren fortschreitender, unabhängiger Äquilibration. Ergäben sich hingegen je nach Sprachkreis Veränderungen der Operationen, so bliebe nach dem von Sinclair vorgeschlagenen experimentellen Modell zu klären, in welcher Richtung sich diese Interdependenz vollzieht.

Die Psychologie, die wir in unserem gesellschaftlichen Kontext, d. h. im Rahmen einer bestimmten Kultur, einer Sprache usf. erarbeiten, ist weitgehend hypothetischer Natur, solange sie nicht durch die notwendigen komparativen Daten abgesichert ist. Um noch einmal auf die kognitiven Funktionen zurückzukommen, so sei darauf hingewiesen, daß die Vergleichsstudien, die wir uns wünschen, sich nicht auf die Kindheit beschränken, sondern auch die Entwicklung im allgemeinen einbeziehen sollen, auch die Endstadien des Erwachsenen.

Als Lévy-Bruhl die Frage der der „primitiven Mentalität" eigenen „Vorlogik" aufwarf, hat er zweifellos die Gegensätze überzeichnet, und umgekehrt überbewertet sein nachträglicher Widerruf wohl die Allgemeinheit der Strukturen. So bleibt eine Reihe von Fragen, die u. E. auch die wunderbaren Arbeiten von Lévi-Strauss noch nicht gelöst haben: z. B. auf welcher operativen Stufe stehen die Erwachsenen einer Stammesgesellschaft im Hinblick auf die technische Intelligenz, die von Lévy-Bruhl völlig außer acht gelassen wurde, die sprachliche Intelligenz, die Lösung elementarer logisch-mathematischer Probleme usf.? Denn selbstverständlich erhalten die entwicklungspsychologischen Befunde hinsichtlich der vorhergehenden Stufen erst dann ihr volles Gewicht, wenn man weiß, wie es in dieser Frage um den Erwachsenen bestellt ist. So wäre es durchaus möglich, und diesen Eindruck vermitteln die einschlägigen ethnographischen Arbeiten, daß das Denken des Erwachsenen in manch einer Gesellschaft nicht über die Stufe der „konkreten Operationen" hinausgelangt und mithin nicht die der aussagenlogischen Operationen erreicht, die sich in unserer Gesellschaft zwischen 12 und 15 Jahren herausbilden. Trifft dies zu, so wäre es wertvoll zu wissen, ob die voraufgehenden Stadien bei den Kindern dieser Gesellschaften langsamer verlaufen oder ob die Gleichgewichtsstufe wie bei uns mit 7–8 Jahren bzw. etwas später erreicht, im Anschluß daran aber nicht mehr überschritten wird.

9. Leben und Denken aus der Sicht der Experimentalpsychologie und der genetischen Epistemologie

1. Gestützt auf Argumente, die im übrigen nichts von ihrem Wert eingebüßt haben, schrieb A. Lalande der Entwicklung des logischen Denkens eine der Lebensentwicklung entgegengesetzte Richtung zu. Wie bekannt hat Bergson diesen Gegensatz übernommen. Nichtsdestoweniger bleibt die Spencersche Hypothese der Kontinuität zwischen Lebens- und Intelligenzentwicklung am überzeugendsten, vorausgesetzt freilich, daß sie jeweils um die neuesten Ergebnisse der biologischen und psychologischen Forschung erweitert wird. In dieser Hinsicht wäre eine ganze Reihe von Arbeiten zu besprechen. Wir wollen uns jedoch hier darauf beschränken, an das ausgezeichnete Buch von Th. Ruyssen, *L'évolution psychologique du jugement* zu erinnern.

2. Aus methodologischen Gründen wollen wir ausschließlich gesicherte Befunde und Deutungen der biologischen und psychologischen Forschung verwenden und uns bemühen, der Versuchung der Spekulation zu widerstehen. Unseres Erachtens kann es nämlich keine philosophische Psychologie geben, sondern nur eine experimentelle Psychologie und eine Philosophie der Psychologie im Sinne einer Epistemologie der psychologischen Erkenntnis. Einer philosophischen Psychologie, die den Anspruch erhebt, die Ergebnisse der experimentellen Biologie und Psychologie zu korrigieren oder zu ergänzen, liegt unserer Ansicht nach dasselbe Denkschema zugrunde wie der Naturphilosophie des 19. Jahrhunderts, mit der sie offensichtlich auch dasselbe Schicksal teilt.

3. Drei der derzeit von der Psychologie behandelten Fragestellungen stehen in engem Zusammenhang mit der zentralen Frage der Beziehungen zwischen Leben und Denken: die der funktionellen Interaktionen zwischen der Reifung des Nervensystems und der Umwelt (Erfahrung); die der allgemeinen Strukturen und ihrer biologischen Bedeutung;

schließlich – insbesondere in struktureller Hinsicht – die des psycho-physiologischen Parallelismus oder der psychophysiologischen Isomorphie.

Die funktionellen Interaktionen zwischen Organismus und Umwelt

4. Ob man die Entwicklung eines Wahrnehmungsmechanismus (wie der Tiefenkonstanz der Größe oder die Reaktion auf die „guten Gestalten" usf.), den Erwerb eines sensomotorischen Intelligenzschemas (z. B. des Schemas des permanenten Gegenstandes oder der Koordinationen von Bewegungen gemäß einer „Bewegungsgruppe" usf.) oder gar die großen Phasen der kindlichen Intelligenzentwicklung (z. B. das System der Transformationen, das mit etwa 7 Jahren den Übergang von den voroperativen Vorstellungen zu den ersten Systemen logisch-mathematischer Operationen kennzeichnet) beobachtet, man begegnet ständig demselben Problem, wenn auch in verschiedener Gestalt, das bisher noch nicht zur Zufriedenheit aller Kollegen gelöst werden konnte: nämlich dem Problem des Einflusses der Erbanlagen (der bei der Geburt vorhandenen oder einem inneren Reifeprozeß unterworfenen Mechanismen) zum einen und der Bedeutung von Erfahrung oder Übung zum anderen.

5. In der Sicht verschiedener Autoren werden die Erkenntnismechanismen in bestimmten, wenn nicht sogar in allen Bereichen aufgrund von Erfahrung erworben (vgl. die extreme Einstellung von Piéron auf dem Gebiet der Wahrnehmung); für andere wiederum spielt die Anlage eine beachtliche, klar umschreibbare Rolle, etwa bei der Wahrnehmung (vgl. die Auffassung von Michotte, die er im übrigen vor kurzem abgeschwächt hat) oder bei der Ausbildung der Sensomotorik (vgl. Wallon, Bergeron und andere, vor der theoretischen Erneuerung durch die pawlowsche Reflexologie); die Mehrzahl der Autoren stellt allerdings beide Faktoren in Rechnung, weigert sich jedoch, sie genau zu quantifizieren, selbst in sehr spezifischen Punkten.

6. Dieses psychologische Problem stellt eindeutig einen Sonderfall der allgemeinen biologischen Frage nach dem Verhältnis von genotypischen und phänotypischen Merkmalen dar. Man könnte versuchen, in dieser Hinsicht (wie wir an anderer Stelle ausgeführt haben) zwischen den biologischen Lösungsversuchen zum Problem der Variation oder der Entwicklung, den psychologischen Lösungsvorschlägen zum Problem der Intelligenz und den großen epistemologischen Strömungen selbst Parallelen herzustellen.

7. Es ist anzunehmen, daß die Diskussion vorerst stagnieren wird, solange nämlich, bis auf der organischen Ebene als solcher die Wachstumsmechanismen (Ontogenese) in ihrer Beziehung zur Vererbung und insbesondere die phylogenetischen Beziehungen zwischen Vererbung und Umwelt erforscht sind: Das Fehlen eines gesicherten Verbindungsgliedes zwischen der Mutationshypothese und der Hypothese von der Erblichkeit der Erfahrung ist für die psychologische und biologische Erklärung gleichermaßen störend und hemmend.

8. Wenn uns auch die kausale und strukturale Analyse fehlt, so ist es doch nichtsdestoweniger interessant, die funktionellen Analogien herauszuarbeiten. Es muß zunächst bemerkt werden, daß man es in der Biologie nie mit genotypischen Merkmalen im Reinzustand zu tun hat, denn sie treten immer, selbst im Laboratorium, in Verbindung mit einem Phänotyp der betrachteten Umwelt auf: Genotyp und Phänotyp bilden folglich auf ein und derselben Ebene keine Gegensätze, denn der Genotyp ist die Gesamtheit der Merkmale, die allen phänotypischen, mit einer bestimmten reinen Rasse vereinbaren Akkomodaten gemeinsam sind, die Fähigkeit zur Erzeugung dieser Akkomodate miteinbegriffen. Mit anderen Worten, man muß die Gesamtheit der Möglichkeiten in Rechnung stellen und nicht nur die verwirklichten Merkmale, so daß die Beobachtungsdaten sich jeweils auf ein Gleichgewicht zwischen zwei Kategorien von Faktoren, die Vererbung und die Umwelt beziehen und nicht nur auf einen Faktor allein.

9. Generell wird die Umwelt beständig der Struktur des Organismus assimiliert, während letzterer sich gleichzeitig

der Umwelt akkomodiert. Mithin kann die Anpassung als Gleichgewicht zwischen derartigen Austauschbeziehungen umschrieben werden.

10. Psychologisch gesehen ist der Begriff des Gleichgewichts von beachtlichem Stellenwert; seine Bedeutung rührt wohl nicht nur daher, daß wir die Grenze zwischen angeborenen und erworbenen Merkmalen nicht kennen. So hat z. B. die Gestalttheorie das Verdienst gehabt, zu zeigen, daß die Wahrnehmungsgestalten sich unabhängig von der genannten Grenzziehung durch Gleichgewichtsgesetze erklären lassen. Desgleichen können die Schemata der sensomotorischen Intelligenz durch ein fortschreitendes Gleichgewicht zwischen Assimilation und Akkomodation gedeutet werden, wobei diese Art funktionaler Beschreibung bis auf die voroperative und die operative Ebene des Denkens fortgesetzt werden kann.

11. Aus dieser Sicht bestünde das spezifische Ergebnis des Denkens darin, ein ständiges Gleichgewicht zwischen der Assimilation des Universums an das Individuum und der Akkomodation des Individuums an die Gegenstände herzustellen, wohingegen die organischen oder sensomotorischen, insbesondere die perzeptiven Handlungsformen nur andauernde Verschiebungen des Gleichgewichts kennen. Mit anderen Worten, das reversible Spiel der geistigen Antizipationen und Rekonstitutionen würde eine gleichzeitig mobile und stabile Form des Gleichgewichts erreichen, im Gegensatz zu den statischen und unbeständigen Konfigurationen.

Die Strukturen

12. Die Erforschung der Gleichgewichtsformen bringt zwangsläufig die Frage nach der Bedeutung der Strukturen mit sich. Das Problem liegt nun darin, die wesentlichen kognitiven Strukturen freizulegen und ihre Beziehungen zu den organischen Strukturen aufzufinden. Jeder Entwicklungsprozeß (Genese) mündet in eine Struktur, jede Struktur ist die Endform eines Gleichgewichts, die als solche eine Genese umfaßt. Der von der Phänomenologie eingeführte Gegensatz von Genese und Struktur ist mithin künstlich.

13. Es gibt zwei entgegengesetzte Formen von kognitiven Strukturen, die durch zahlreiche Zwischenglieder miteinander verbunden sind: die perzeptive, nicht-additive und irreversible Gestalt und die operativen Strukturen der Intelligenz, die sich additiv zusammensetzen und auf die zwei einander ergänzenden Formen der Reversibilität gründen: die Inversion oder Negation und die Reziprozität (Gruppierungen, Gruppen und Verbände).
14. Die Strukturen der Gestalt konnten nun auf der organischen Ebene wiedergefunden werden. Selbst wenn die Implikate der Gestalttheorie nicht auf der Ebene des Gehirns nachgeprüft wurden, so trifft es doch zu, daß eine Reihe organischer Formen aus der Gestalt hervorgehen, z. B. im Laufe der ersten embryonalen Entwicklungsstadien.
15. Psychologisch können die Merkmale der Gestalt, insbesondere im Bereich der Wahrnehmungsgestalten, zweifellos durch eine probabilistische Zusammensetzung erklärt werden. Die Feldwirkungen würden demnach auf einem stichprobenartigen Vorgehen beruhen, das Ursache von Verzerrungen ist, wobei diese Verzerrungen sich im Fall der „guten Gestalten" *maximal* ausgleichen. Die der Gestalt eigene nicht-additive Zusammensetzung kann folglich im Ganzen keine besondere Prägnanzkraft verleihen: wenn dieses Ganze sich von der Summe seiner Teile (im Sinne eines Mehr, mitunter jedoch auch eines Weniger) unterscheidet, so aufgrund der Unbestimmtheit der Zusammensetzungen.
16. Die Wahrnehmung erklärt sich im übrigen nicht ausschließlich aus derartigen Mechanismen. Sie erfolgt vielmehr auf mehreren Ebenen, wobei anfangs tatsächlich die genannten Feldwirkungen wirksam sind; sie wird aber dann durch eine perzeptorische Tätigkeit u. a. motorischer und posturaler Art strukturiert, und diese Tätigkeit selbst kann von einer bestimmten Ebene an von der operativen Tätigkeit geleitet werden. Wenn man der Wahrnehmung also ein Spiel von „Implikationen", von unbewußtem Denken (Helmholtz), eine „Prolepse" (von Weizsäcker) usf. zuschreibt, so muß, wenn diese Termini überhaupt einen Sinn

haben sollen, sorgfältig festgelegt werden, welche Art von Verbindungen oder Regulierungen damit gemeint ist.[1]

17. Die operativen Strukturen, die sich beim Kinde zwischen 7 und 11–12 Jahren (Klassengruppierungen, Relationen), sodann zwischen 12 und 14–15 Jahren (Gruppen und Verbände der aussagenlogischen Operationen) herausbilden, sind Beweis für die fortschreitende Reversibilität der Intelligenz und scheinen sich mithin zunehmend von den bekannten organischen Strukturen zu entfernen.

18. Es fragt sich jedoch weiterhin, ob die Lebensprozesse vollkommen der Irreversibilität im Sinne des zweiten Prinzips der Thermodynamik (Zunahme der Entropie gemäß den für sie berechneten Wahrscheinlichkeitsmodellen) unterliegen oder ob, wie Helmholtz, Ch. E. Guye u. a. vermuteten, der lebendige Organismus einen Mechanismus vorausssetzt, der diesem Prinzip entgeht und eher der für die Intelligenz charakteristischen Reversiblität entspricht.

19. Insbesondere auf dem beschränkten Gebiet der Nervenstruktur sprechen eine Reihe von Überlegungen für eine solche Übereinstimmung: die Anwendungen der logischen Strukturen auf die Neuronenverbindungen (vgl. McCulloch und Pitts); die Bemühungen von Rashevsky, Rapoport u. a. in Richtung auf eine mathematische Neurologie, der dieselben Strukturen zugrundeliegen (das Gesetz des „alles oder nichts“ bedingt eine der Booleschen Algebra isomorphe Arithmetik); die kybernetischen Arbeiten, insbesondere die Rolle des „feed-back“ als semi-reversible Regulierung sowie der Rückgriff auf die Gruppen- und Verbandsstrukturen, um die Phasen der Äquilibration und den Übergang zum Endgleichgewicht zu kennzeichnen.

20. Doch wenn sich auch derartige Übereinstimmungen zwischen operativen Denkstrukturen und gewissen physiologischen Strukturen abzeichnen, so heißt dies nicht, daß erstere angeboren sind. Die Erbstruktur (dies gilt für alle

[1] Wir haben gemeinsam mit Lambercier nachgewiesen, daß die „Prolepse“ für die Erklärung der Wirkung des sich drehenden Rechtecks, die Auersperg und Buhrmester zum Beweis der Weizsäckerschen These anführen, unnötig ist. Das soll nicht heißen, daß es keine perzeptive Antizipation gäbe.

Fragen, die sich im Zusammenhang mit der Reifung des Nervensystems stellen) gibt an, was auf einer bestimmten Stufe möglich und was nicht möglich ist. Wir haben es also mit einer Reihe von „Potentialen" zu tun, deren Ausgleich den Gleichgewichtszustand bestimmt. Doch damit, daß eine Übereinstimmung zwischen organischen Gleichgewichtsformen und geistiger Gleichgewichtsform möglich erscheint, ist das Problem der Aktualisierungsbedingungen der Operationen und des fortschreitenden Bildungsprozesses des Systems der effektiven und potentiellen Operationen noch keineswegs gelöst.

Der Parallelismus oder die psycho-physiologische Isomorphie

21. Im Hinblick auf das Problem des psycho-physiologischen Parallelismus versteifen sich mehrere Autoren künstlich auf folgende Alternative: Entweder besteht ein Parallelismus zwischen den Bewußtseinszuständen und gewissen physiologischen Zuständen und in diesem Fall wäre das Bewußtsein nichts anderes als eine Spiegelung ohne Eigentätigkeit, oder aber das Bewußtsein wird tätig wirksam und greift mithin kausal in die organischen Mechanismen ein (Interaktion).
22. Diese Alternative rührt daher, daß Befürworter oder Gegner der einen oder anderen Lösung immer nur in ganz bestimmten Kategorien denken (Substanz, Energie, Arbeit, Kausalität usf.). Während nun die „Parallelisten" dem Bewußtsein zu Recht diese Attribute absprechen und deshalb glauben, bzw. beschuldigt werden, ihm gleichzeitig auch jede tätige Wirksamkeit abzusprechen, geben die „Interaktionisten" ihm diese Seins- oder Handlungsweise zurück und geraten damit in unlösbare Konflikte mit der Biologie.
23. Gehen wir jedoch davon aus, daß das Bewußtsein ausschließlich ein System von Bedeutungsimplikationen (im weiten Sinne) ist, deren höhere Formen logische Notwendigkeiten oder moralische Verpflichtungen (Wertimplikati-

onen, juristische Auflagen im Sinne von Kelsens Normativismus usf.) darstellen und deren Ausgangsformen sich auf der Ebene mehr oder weniger strukturierter Beziehungen zwischen Zeichen und Hinweisen bewegen, so blieben Substantialität, Energie und Kausalität Attribute der materiellen oder organischen Verbindungen, das Bewußtsein besäße aber dennoch eine unersetzbare Eigenart oder Spezifik: als Ursprung der Logik und der Mathematik, um uns auf die Erkenntnis zu beschränken, wäre es unverzichtbares Gegenstück zur Kausalreihe.

24. Denkbar wäre mithin wohl nicht ein exakter Parallelismus, sondern eine strukturelle Isomorphie zwischen dem System der bewußten Implikationen und gewissen Systemen organischer Kausalität, ohne daß man dadurch in besagte Alternative zurückverfiele.

25. Die Isomorphie der bewußten Implikation und der organischen Kausalität kann als Sonderfall der Übereinstimmungen zwischen Deduktion und materieller Wirklichkeit angesehen werden, die den gesamten Kreis der Wissenschaften kennzeichnen: Nehmen wir einmal die Isomorphie der logisch-mathematischen und der organischen Strukturen als gesichert an; nehmen wir weiter an, sie seien durch eine „allgemeine“ Physikochemie (wie Ch. E. Guy formulierte), die die Biologie einbeziehen würde, kausal eindeutig geklärt, dann müßte eine solche Physikochemie wiederum mathematisch und deduktiv werden, d. h. sie müßte ihre Ergebnisse selbst als Ausgangspunkt benutzen . . . Wahrscheinlich ist das Problem des Verhältnisses von Leben und Denken in einem derartigen Zirkel, einer derartigen sich ständig vergrößernden Spirale anzusiedeln.

Nachweise

1. Der Zeitfaktor in der kindlichen Entwicklung. „Le temps et le développement intellectuel de l'enfant." *La vie et le temps, Rencontres internationales de Genève.* Neuchâtel 1962.

2. Das affektive und das kognitive Unbewußte. „Inconscient affectif et inconscient cognitif." *Raison présente*, Nr. 19, Paris 1971.

3. Die Stadien der geistigen Entwicklung des Kindes und des Heranwachsenden. „Les stades du développement intellectuel de l'enfant et de l'adolescent." *Le problème des stades en psychologie de l'enfant. Symposium de l'Association psychologique scientifique de langue française.* Paris 1956.

4. Die kindlichen Praxien. „Les praxies chez l'enfant." *Revue neurologique*, Nr. 102, Paris 1960.

5. Wahrnehmung, Lernen und Empirismus. „Perception, apprentissage et empirisme." *Dialectica*, Nr. 13, Neuchâtel 1959.

6. Sprache und Denkoperationen. „Le langage et les opérations intellectuelles." *Problèmes de psycho-linguistique. Symposium de l'Association de psychologie scientifique de langue française.* Paris 1954.

7. Die Gestalttheorie in der zeitgenössischen Psychologie der Intelligenz und der Wahrnehmung. „Ce qui subsiste de la théorie de la Gestalt." *Revue suisse de psychologie*, Nr. 13, 1954.

8. Notwendigkeit und Bedeutung der vergleichenden Forschung in der Entwicklungspsychologie. „Nécessité et signification des recherches comparatives en psychologie génétique." *Journal international de psychologie*, Bd. 1, Nr. 1, Paris 1966.

9. Leben und Denken aus der Sicht der Experimentalpsychologie und der genetischen Epistemologie. „La vie et

la pensée du point de vue de la psychologie expérimentale et de l'épistémologie génétique." *Actes du 7e Congrès des Sociétés de philosophie de langue française, Grenoble 12.–16. September 1954*, Paris 1954.